# 汉字解密

## 冬藏

《汉字解密》栏目组◎编著



长江出版传媒 | 长江文艺出版社

图书在版编目（CIP）数据

汉字解密. 冬藏 / 《汉字解密》栏目组编著. -- 武汉：长江文艺出版社，2020.1
ISBN 978-7-5702-1058-9

Ⅰ. ①汉… Ⅱ. ①汉… Ⅲ. ①汉字－青少年读物
Ⅳ. ①H12-49

中国版本图书馆 CIP 数据核字(2019)第 112449 号

责任编辑：钱梦洁 梅若冰 汤云松　　责任校对：毛 娟
整体设计：一壹图书　　责任印制：邱 莉 杨 帆

出版：长江出版传媒 | 长江文艺出版社
地址：武汉市雄楚大街 268 号　　邮编：430070
发行：长江文艺出版社
http://www.cjlap.com
印刷：湖北新华印务有限公司

开本：720 毫米×1020 毫米　1/16　印张：9.75
版次：2020 年 1 月第 1 版　　2020 年 1 月第 1 次印刷

定价：30.00 元

# 序

得知《汉字解密》丛书的出版，我高兴且欣慰，也充满感慨。在我的童年里，一切都是匮乏的。在那个年代，对于男孩子来说，只有几种小游戏，以及母亲、外婆的陪伴，是温暖的。此外，我只能找到有限的书籍来丰富我的心灵。那时，没有淘宝，没有网上商城，没有电视节目和手机App。我如饥似渴地阅读我能找到的一切书籍。为了买书，9岁的我到江边码头拖板车，赚到的钱，还舍不得买一杯路边的凉茶，全部用来买书了。如今的孩子们已经坐拥书城，有时我想，如果我是现在的孩子，一切知识的获得都那么方便，我还会不会拥有对于书籍的热爱、对于文学的热爱，成为一个作家？

我也不知道答案是什么。一切都无法重来。然而肯定的是，我将有可能更早更多地阅读不同的书籍。如果儿时的我看到这套《汉字解密》，或许我将对中国文化、文学产生更为浓厚的兴趣和爱，或许我会成为一个研究中国文化的学者，或许我将更早地走上文学这条路。

因此，《汉字解密》丛书的出版在今天具有非凡的意义。或许，会有一对父母将它作为生日礼物送给孩子，由此，便在这个孩子的心灵里种下一颗文学的种子，成为未来的作家；或许，会有一个高中生将产生对中国文化的热爱，将高考志愿改为中文系，成为未来的教授和学者；或许，它会让更多的外国人爱上中国，爱上中文，中国由此将拥有更多的朋友，未来将更为辉煌。

是的，在今天，《汉字解密》丛书的出版是非常必要和及时的。它向人们重新展示汉字的美，揭开汉字产生和发展的秘密，讲述汉字里蕴藏的故事。更为重要的是，这套书的阅读是轻松而愉快的。它分为“春”“夏”“秋”“冬”四个主题，阅读起来趣味十足，就像童年时妈妈给你讲的睡前故事。每个汉字包括了从甲骨文、金文、小篆、隶书到楷书的形体演变过程，让读者了解现代字形的来历；详细分析了字的形体和字的意义的关系；以字为核心，串联了相关的文化知识，深入挖掘了汉字深厚的文化内涵。同时，还选取了与解读汉字关联性较强的诗词经典，通过分析该字在诗词中的意义，进而对整首诗词进行赏析。

这套丛书就像是江汉平原的稻田，平凡、质朴，又不可或缺，就像出生之后妈妈的乳汁，滋养着你，让你长大，收获爱与温暖，成为一个大写的有情怀的人。希望这套《汉字解密》丛书成为你最愉悦的陪伴。

是为序。

著名儿童文学作家　董宏猷

# 目录


冬 1
寒 4
冰 7
冷 10
腊 13
霜 16
雪 19
梅 22
兰 25
竹 28
菊 31
松 34
国 37
家 40
安 43
危 46
法 49
律 52
制 55
纲 58
斤 61
兵 64
干 67
戈 70
戚 73
戟 76

弓 79
矢 82
剑 85
矛 88
战 91
阵 94
伍 97
将 100
伐 103
史 106
仁 109
义 112
礼 115
智 118
信 121
人 124
梦 127
命 130
忠 133
勇 136
愚 139
老 142
幼 145
优 148

dōng

# 冬

## 冬

深受吃货们喜爱的冬瓜是在冬季长成的吗？

---

### 造字故事 ZAOZIGUSHI

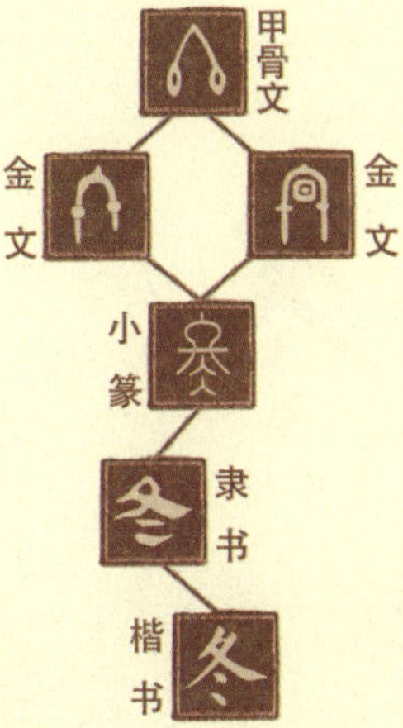


甲骨文里的“冬”像一根线两端打了两个结。对这个形体的解释，一般认为这是个象形字，是“终”的本字。古人结绳记事，用丝线结成绳子后，在两端都要打结以防散开，所以“冬”字最初的意义就是终结、末尾。

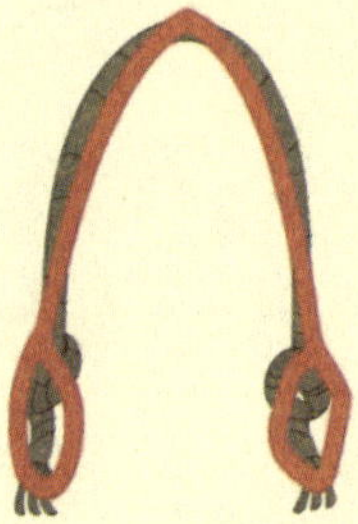

而冬天正好是一年的末尾，是季节的终结，《说文解字》说：“冬，四时尽也。”冬天是四季的尽头，所以就引申为一年中最后的季节——冬季了。“冬”后来成了表示冬季的专用字，为了区分，人们就在原来的基础上添加了形符“系（纟）”，用来表示终结意义，于是成了我们现在看到的“终”。

金文“冬”里的两个大结简化成了绳子上的两点，有的中间还加了一个“日”，表示时间，日与打结的绳子一起共同表示时间的终结，也就是岁末的冬天。

后来的小篆把两点拉长变成了贯穿两边的一横，包在里面的日不见了，但在字形的下面加上了“仌”。“仌”的甲骨文就像水面上结冰凸起的形状，本义就是水凝结成的冰块。有了“仌”字参与会意，冬天显得更寒冷了。后来楷书进一步简化，“仌”成为下面的两点，定型为我们现在看到的“冬”字。

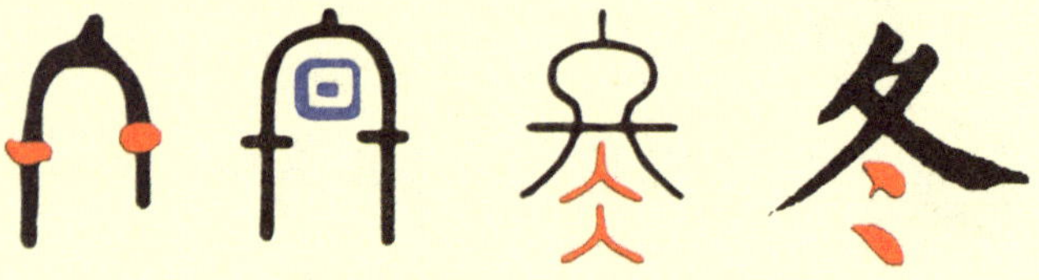

冬 金文1　冬 金文2　冬 小篆　冬 楷书

## 文化故事

WENHUAGUSHI

冬瓜是一种深受大家喜欢的瓜果类蔬菜，很多人犯了一个错误，那就是听到冬瓜这个名字就误以为这是冬天生长的一种瓜。其实这是错误的，冬瓜和大多数植物一样，喜欢温暖的气候，所以它是在夏季生长成熟的。之所以这种瓜的名字里有一个“冬”字，原因有两个，一是冬瓜的瓜皮上有一层白色粉状物，就像冬天里的霜雪一样；二是冬瓜的瓜皮较厚，可以贮存到冬天食用。

### 渡汉江

唐·宋之问

岭外音书断，经冬复历春。
近乡情更怯，不敢问来人。

赏析：这是诗人久离家乡之后，在归返途中所写的抒情诗，意在写思乡情切，表现出诗人对家乡和亲人的挚爱之情，和游子远归家乡时激动、不安、畏怯的复杂心理。

【主讲人：陈练文 武汉大学文学院 讲师】

# 寒

最早的『寒』字里面竟然有人用草取暖的形象！

hán

## 造字故事 ZAOZIGUSHI

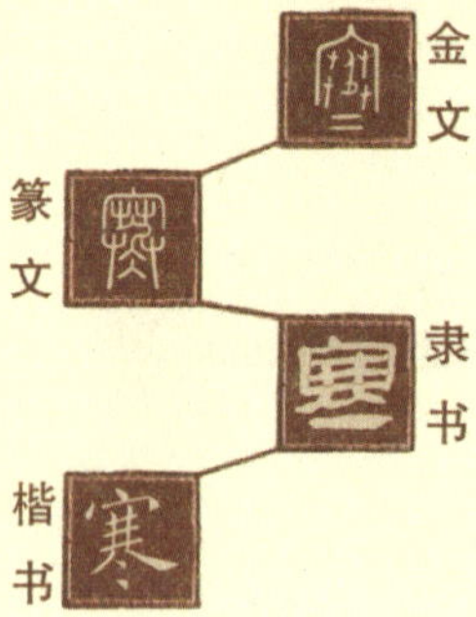


金文的“寒”是个会意字，外面是部首“宀”，表示房子，房子里有一个人，人的下面的像英文字母D的字形是脚趾或脚丫子的形变，人的周围都是干草，而房子的外面是冰，表明天气的寒冷。

有冰的季节肯定温度很低，而在这种低温情况下睡觉却只能用草取暖，肯定是感觉很冷了。所以，这个字用了五个部首“宀、茻、人、止、仌”合起来进行会意，比一般两个部首的会意字要复杂一些，但只要把每个部首的意义弄清楚，整个字自然就不难理解了。

小篆的“寒”字字形变得规整了，因为人下面的“止”无关紧要，所以就被省略了。隶书的寒在小篆基础上，将部件“茻”写成了“井”，部件“人”也被写成了跟“大”相似的字形，部件“仌”被简化成了两点水，楷书的寒字承续了隶书的字形。

寒 金文　　寒 小篆　　寒 隶书　　寒 楷书

寒的本义是冷，而且是冷到了极致。后来就用来指寒冷时候的季节，和暑经常对举，比如寒来暑往、寒暑易节。热天放的假叫暑假，冷天放的假就是寒假了。

## 文化故事
WENHUAGUSHI

人在害怕的时候会浑身战栗，而身体感到寒冷时也会战栗，二者情态相似，所以寒就引申出害怕、畏惧的意思，比如寒心、胆寒。太低的温度会让人感到痛苦，处于严寒天气的人没有足够的保暖措施，身体上受不了，肯定感觉很苦，所以“苦寒”经常连用。《史记》就说北方是“幕北寒苦无水草之地”，这就是说北方太冷，又没有水草，是让人觉得很苦的地方。

### 山中雪后

清·郑燮

晨起开门雪满山，雪晴云淡日光寒。
檐流未滴梅花冻，一种清孤不等闲。

赏析：诗人托物言志，看似写景状物，实则见景生情，将景和物交融，对历经苦难的身世发出深深的感叹。

【主讲人：陈练文 武汉大学文学院 讲师】

# 冰

『干冰』和『冰』是一回事吗？

bīng

冰

## 造字故事

ZAOZIGUSHI

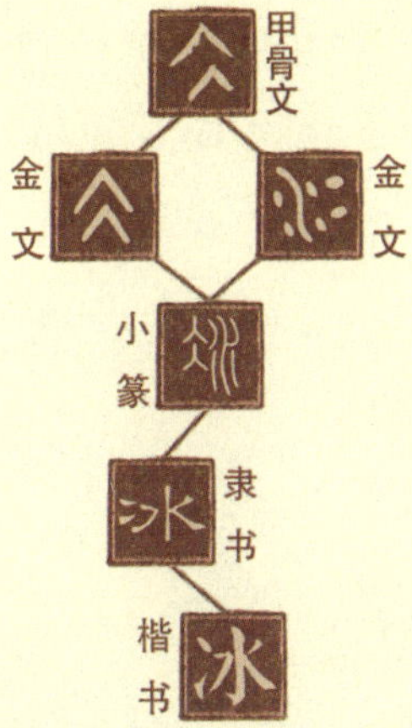


甲骨文的“冰”现在来说应该写作“仌（bīng）”，关于这个字形表达的含义，有的说像水凝结成固体后形成的条纹，也有的说像水结冰后形成的突起状。《说文·仌部》里面说：“仌，冻也，象水凝之形。”也

就是说，仌是冻的意思，像水凝结后的形状。

金文“冰”字字形出现了分化，一种字形继承了甲骨文的写法，而另一种字形是个会意字，用“水”和“仌”合起来表意，我们今天所用的冰字就是由这个字形演变发展而来的。《说文解字》解释说：“冰，水坚也。”坚就是硬，水变硬了，就是水由液体转化为固体的过程。这个字的本意其实是凝结，冰也就是“凝”的本字。对比一下，第一个“仌”字的含义是冰块，第二个“冰”字的含义是凝结。但是后来，人们把表示冰块意义的“仌”都用两点水的“冰”代替了，这样，冰的原有的凝结这个含义就另外造了一个字“凝”来表示了。所以，现在我们常说的这个冰字指的是水凝固而结成的固体，本字是“仌”。

小篆的“冰”将金文中第二个字形的左右部件调换了位置，而且左边表示“仌”的折笔也被误写成了两个人形。楷书的“冰”，将左边的部件简化成了两点水，右边的水字也更加符号化。

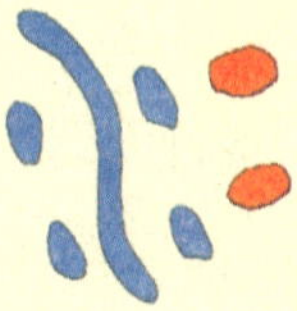

冰 金文2

冰 小篆

“干冰”和“冰”不是同一个东西，冰是水凝结成的固体，一般晶莹剔透，非常漂亮。干冰是二氧化碳凝结成的固体，二氧化碳在常温下是无色无味的气体，把它放在高压低温的环境下，它能凝华成固体。而这种固体释放到常温环境，就会迅速升华，中间不经过变成液体的环节，所以人们叫它干冰，意思是不会变成液体的“冰”，我们常常看到的舞台上飘出来的烟雾就是干冰升华而形成的。

### 十一月四日风雨大作二首（其二）

宋・陆游

僵卧孤村不自哀，尚思为国戍轮台。
夜阑卧听风吹雨，铁马冰河入梦来。

赏析：这首诗以“痴情化梦”的手法，深沉地表达了作者收复国土、报效祖国的壮志，展现了诗人的一片赤胆忠心。

【主讲人：陈练文 武汉大学文学院 讲师】

# 冷

『齿冷』是说牙齿很冷吗？

lěng

冷

造字故事
ZAOZIGUSHI

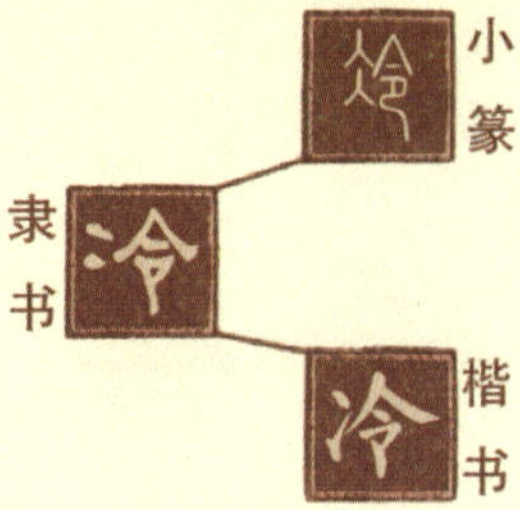


冷是一个形声字，出现得比较晚，甲骨文和金文中都没有这个字形，小篆的“冷”是个形声字，《说文解字》中说：“冷，寒也。从仌，令声。”意思是，冷就是天寒，它的形符是“仌”，声符是“令”。“仌”的

本义是冰块，所以从仌的字，本义都和寒冷、温度低有关。

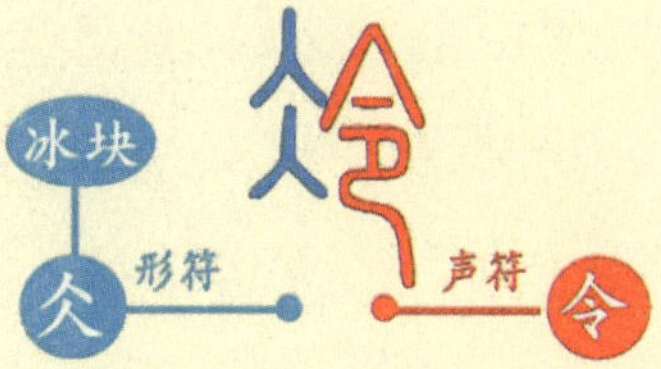

冷 小篆

隶书的“冷”将小篆字形中左边的形符“仌”写成两点水，右边的声符“令”进一步符号化。楷书的冷字跟隶书一脉相承。

冷 小篆　　冷 隶书　　冷 楷书

---

## 文化故事

WENHUAGUSHI

冷的本义就是温度低，温度很低的事物都可以用冷来修饰，如冷天、冷水、冷风、冷饮；把物体温度降低叫冷却、冷藏、冷冻；对人态度不好，让人感觉好像温度低，有冷淡、冷漠、冷若冰霜等。

有个很有趣的词，叫“齿冷”，齿就是牙齿，牙齿变冷是什么意思呢？一般来说，牙齿都在嘴巴里面，感受不到外面的凉风，肯定是张嘴的时候才会露出来，而人只有老是咧着嘴笑的时候才会把牙齿露在外面。所以这个词的意思就是开口笑别人，笑得太久，牙齿都冷了，用来表示对别人的耻笑。成语“令人齿冷”，就是形容因龌龊的人品或不道德的行为而被人鄙视、耻笑。

霜月

唐·李商隐

初闻征雁已无蝉，百尺楼南水接天。
青女素娥俱耐冷，月中霜里斗婵娟。

赏析：此诗写深秋月夜景色，诗人并没有作静态描写，而借神话传说婉言月夜的冷艳之美。

【主讲人：陈练文 武汉大学文学院 讲师】

là

# 腊

## 腊

腊月的『腊』跟腊肉的『腊』是不是一回事儿？

### 造字故事 ZAOZIGUSHI

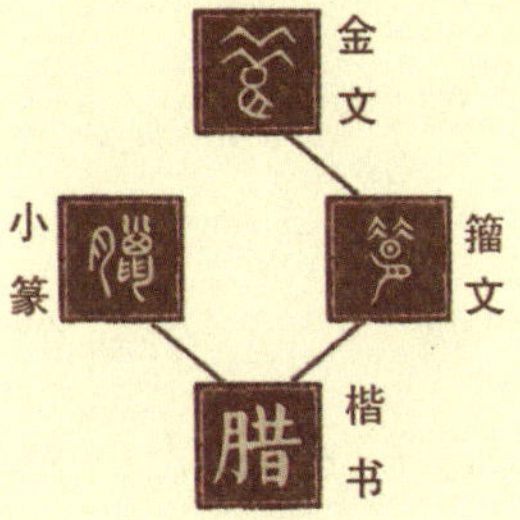


腊的繁体字写作“臘”，是一个形声字。小篆的腊字从肉，巤（liè）声。《说文解字》中说：“冬至后三戌，臘祭百神。”意思是冬至这个节气之后第三个戊日，举行祭祀百神的臘祭。臘是一个祭祀名称，它的形符是肉，声符是巤，巤是毛发，也有的说是獵字省了犭（quǎn），所以也有注释说，臘字是用打猎得来的肉类来祭祀众神。臘祭是在冬至后进行的，一般是农历十二月，所以就用臘表示时间，称十二月为臘月。“臘”后来简化为“腊”，就好比“獵”简化为“猎”。

腊 小篆

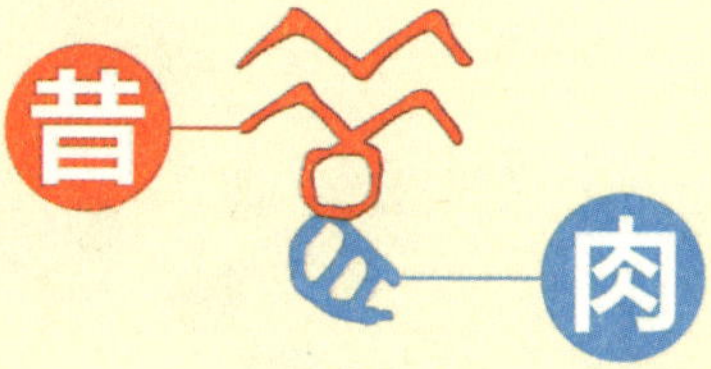

腊 金文

古代还有一个字，和我们现在的简体“腊”字右边的“昔”相似，读作 xī。“昔”字在金文中就已经出现了，它的上半部分是“昔”，下半部分是“肉”，本义是干肉。你看它的形体，上面是很多肉食摊开晾在那里，下面的日字表示在太阳底下。《说文》说昔“从残肉，日以晞之”，意思就是捕猎之后，把多出来的肉，放到太阳底下晒干。《释名·释饮食》里面说：“腊，干昔也。”意思是腊就是干肉。在繁体字简化的过程中，“臘”字的右边部分简化为“昔”，写作现在的“腊”。所以我们现在写的这个简体“腊”字，其实包含了两种含义，一种是祭祀之义，一种是干肉之义。

腊八粥是一种在腊八节用多种食材熬制的粥。腊八节，俗称“腊八”，即农历十二月初八，所以，腊八粥的“腊”是腊月的意思。古人有祭祀祖先和神灵、祈求丰收吉祥的传统，一些地区有喝腊八粥的习俗。我国喝腊八粥的历史，最早开始于宋代，距今已有一千多年。每逢腊月初八这一天，不论是朝廷、官府还是黎民百姓家都要做腊八粥。到了清朝，喝腊八粥的风俗更是盛行。在宫廷，皇帝、皇后、皇子等都要向文武大臣、侍从宫女赐腊八粥。在民间，家家户户也要做腊八粥，祭祀祖先；除了合家团聚时享用，还要馈赠亲朋好友。腊八粥不仅是时令美食，更是养生佳品，尤其适合在寒冷的天气里保养脾胃。

### 游山西村

宋·陆游

莫笑农家腊酒浑，丰年留客足鸡豚。
山重水复疑无路，柳暗花明又一村。
箫鼓追随春社近，衣冠简朴古风存。
从今若许闲乘月，拄杖无时夜叩门。

赏析：这首诗生动地描画出一幅色彩明丽的农村风光图，表达了诗人沉醉于淳朴的农村生活以及对田园生活的喜爱和不舍之情。

【主讲人：陈练文 武汉大学文学院 讲师】

# 霜

## 螃蟹为什么又叫『霜脐』？

shuāng

霜

造字故事 ZAOZIGUSHI

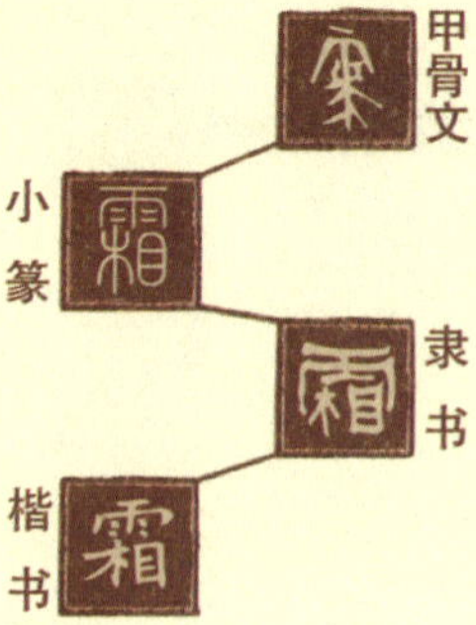


甲骨文的“霜”字上面是“雨”，下面的图形有的学者认为是树木经霜后枝叶剥落的样子，有的学者则认为是桑树的形象，是以“桑”为声符。在目前已知的金文中，我们还没有看到“霜”这个字。

而在小篆中，“霜”字的上面是“雨”，表示霜是跟雨有关的一种天象，下面的“相”则是一个声符。以后的隶书和楷书的写法，跟小篆基本上一样。

“霜”的本义就是天冷时地面物体上的水汽凝成的白色结晶物。

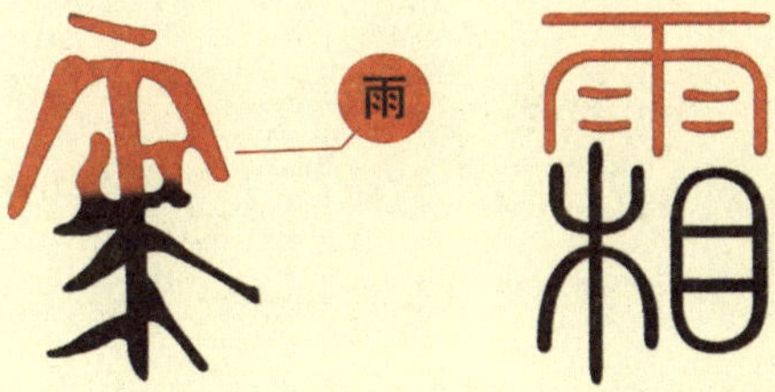

文化故事
WENHUAGUSHI

有一个词叫“霜脐”，“脐”是肚脐眼的“脐”。这指的是什么呢？是螃蟹。“脐”有一个义项是螃蟹腹部的甲壳。每年出现霜冻之后，螃蟹肥而味美，因此用“霜脐”称螃蟹。

古书上常见“霜露之感”这个说法，又叫“霜露之思”。它说的是霜露降下，天气寒凉，草木开始凋落，君子心中生发凄怆之情，感伤时节，眷念亲人。因此“霜露之感”指对父母或祖先的怀念。清代大学者俞樾在《春在堂随笔》卷七记载说，青浦县城往北好几里，有一个地方叫“孔宅”。隋朝时，孔子的一位后人名叫孔桢，寄居在这里。由于这里与曲阜孔庙远隔，孔桢就模仿衣冠冢的做法，把孔子留下的三块璧、两只玉环、一个簪子埋起来，对着祭祀，以便寄托“霜露之思”。

**枫桥夜泊**

唐·张继

月落乌啼霜满天，江枫渔火对愁眠。
姑苏城外寒山寺，夜半钟声到客船。

赏析：一个秋天的夜晚，诗人泊船苏州城外的枫桥，江南水乡美丽的夜色让他领略到一种情味隽永的诗意美，于是写下了这首意境深远的小诗，表达了诗人旅途中孤寂忧愁的思想感情。

【主讲人：卢烈红 武汉大学文学院 教授】

# 雪

在古代，哪些白色事物可以用『雪』代称？

xuě

雪

---

## 造字故事

ZAOZIGUSHI

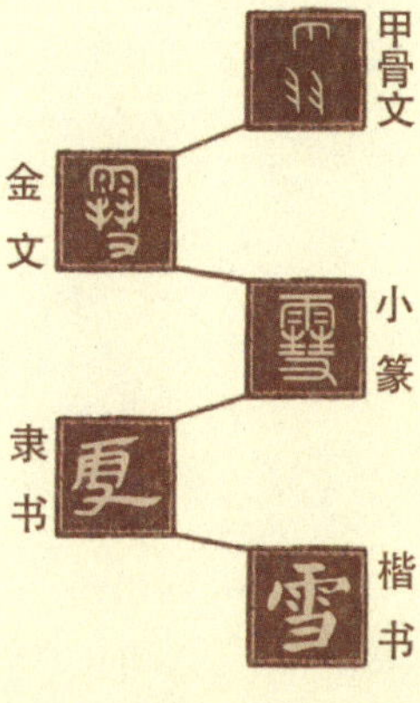


甲骨文的“雪”字上面是“雨”，下面是扫帚，也就是后来的“彗”字。有的学者认为它是一个会意字，表示的是天降下的可用扫帚扫的东西，那就是雪了。有的学者则认为“雪”是一个形声字，“雨”是形符，因为雪是雨滴凝成的，“彗”是声符。

金文的“雪”在甲骨文基础上有所变化，在字形的最下部加了一只手（又），表示手拿扫帚。

雪 金文

小篆的“雪”在金文的基础上更加线条化和符号化了。楷书去掉了金文、小篆中的扫帚图形，只保留了手形。

“雪”的本义就是指天空降落的由水蒸气凝成的白色晶体。

雪的突出特征是洁白，因此古代一些白色事物就以“雪”为代称，直接叫“雪”。如“惊涛拍岸，卷起千堆雪”，“雪”代指白色的浪花；“雪满头”，“雪”代指白色的头发。除此之外，“雪”还可指白色的花，如词人牛峤（qiáo）在《酒泉子》中写道：“雪飘香，江草绿，柳丝长。”“雪”怎么会散发香气呢？原来这里的“雪”代指白色的杏花。

“雪山”一词，要注意有不同的所指：有时泛指积雪的山；有时则是祁连山的另一叫法。如唐代王昌龄《从军行》之四：“青海长云暗雪山，孤城遥望玉门关。”这里的“雪山”指的就是祁连山。

### 雪梅

宋·卢梅坡

梅雪争春未肯降，骚人阁笔费评章。
梅须逊雪三分白，雪却输梅一段香。

赏析：诗人借雪梅的争春，告诫我们人各有所长，也各有所短，要有自知之明。取人之长，补己之短，才是正理。

【主讲人：卢烈红 武汉大学文学院 教授】

# 梅

梅为何被尊为『四君子』之首？

méi

梅

造字故事
ZAOZIGUSHI

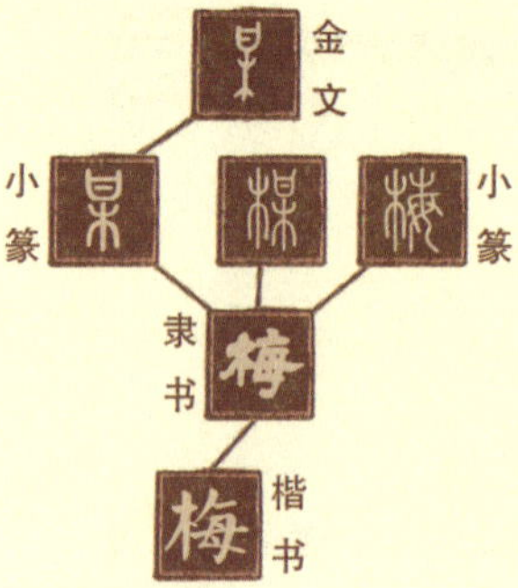


金文的“梅”是个会意字，上面是甘，下面是木，表示树上结的甘甜的酸果，本义是梅子。

“梅”的小篆保留了从甘、从木的结构。后来这个字形被借去表示某人某物的“某”，

人们就在它的左边另加上了形符“木”，以“楳”来表示梅子的“梅”。再后来，因为“楳”和本义为楠木的“梅”读音相同，人们又借“梅”来表示果梅、花梅。隶书承袭了这一写法。此后，楷书以及简化字的形体基本没有太大变化。

## 文化故事 WENHUAGUSHI

“梅”字既可以表示梅子，也可以表示梅花，而最开始人们谈论梅，大多是果梅。比如《尚书》中高宗对傅说（yuè）说“尔惟盐梅”，梅是用来做烹饪调料的。在“望梅止渴”的典故中，曹操用来激励士兵、让士兵流口水的，显然也是梅子。但到了唐宋以后，人们说的梅，渐渐地变成了以观赏性的梅花为主了。

梅花往往在冬季开放，它不畏严寒，“凌寒独自开”，不屑与凡桃俗李在春光中争艳，而是在天寒地冻、万木不禁寒风时，独自傲然挺立，在大雪中开出满树繁花，幽幽冷香，随风袭人。因此梅花被誉为花中“四君子”之首。它是四君子中的高洁志士，同时也是“岁寒三友”之一。因为它不畏严寒，是中华民族最有骨气的花，是民族魂的代表。所以中国人爱梅，梅的傲骨也激励着每一个中国人不畏艰险、百折不挠！

### 山园小梅（其一）

宋·林逋

众芳摇落独暄妍，占尽风情向小园。
疏影横斜水清浅，暗香浮动月黄昏。
霜禽欲下先偷眼，粉蝶如知合断魂。
幸有微吟可相狎，不须檀板共金尊。

赏析：在此诗中，作者将梅花写得超凡脱俗、俏丽可人，提升了梅的品格，读来口齿噙香，令人赞叹。

【主讲人：王洪涌 华中师范大学文学院 副教授】

# 兰

lán

兰

兄弟结拜为何叫『义结金兰』？

造字故事 ZAOZIGUSHI

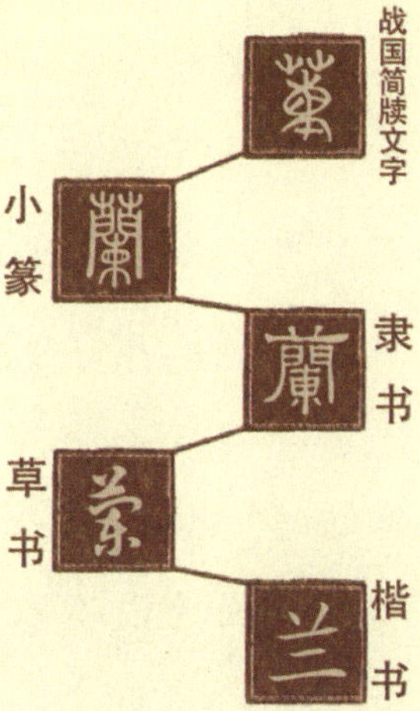


简牍文字中的“兰”是上下结构的形声字，上面是“艸”（cǎo），表示它与花草有关，下面是“柬”，表示读音。小篆的“蘭”将下面的声符写作“闌”。隶书中的形体还保持着上下结构，但下部的“柬”写得很像

“柬”。今天简化字的“兰”是由草书演化而来的。

兰最初多指兰草，后来又指兰花、木兰。

## 文化故事

WENHUAGUSHI

兰草在儒家文化的传播中，被赋予了几种美好的意义。

首先，君子要求自己品行高洁。《孔子家语》中记载，楚昭王想聘用孔子，孔子就从陈蔡出发前往楚国。可陈蔡的大夫生怕孔子被楚王重用对自己不利，派兵包围了孔子，孔子一行被断了七天的粮食，可是孔子还在慷慨陈述他的主张。他的弟子子路就说了：“老师，您不是说善有善报吗，为什么您积德怀义，还遭到这样不公正的对待呢？”孔子说：“幽香的兰草生在深谷，不因为没有人欣赏就不散发出芬芳；君子在道德品行上要积极修行，不能因为处在穷困的环境里改变

自己的志向。”

其次，君子对朋友要真心诚意。《易·系辞上》有一句话：“二人同心，其利断金；同心之言，其臭如兰。”两个人齐心协力，力量就像锋利的刀刃一样可以斩断金属；两个人言语相投，说出来的话会像兰草那样芬芳。正是由于这两句话被人广为传颂，所以人们往往用它来比方志同道合的友谊，所以就有了“义结金兰”“兰交”“兰客”等词语。

### 种兰

宋·苏辙

兰生幽谷无人识，客种东轩遗我香。
知有清芬能解秽，更怜细叶巧凌霜。
根便密石秋芳草，丛倚修筠午荫凉。
欲遣蘼芜共堂下，眼前长见楚词章。

赏析：此诗是咏兰诗中的名篇。诗中借空谷中的兰花，说明主人是个品性高洁的君子，只是无人赏识，颇有落寞之感。

【主讲人：王洪涌 华中师范大学文学院 副教授】

# 竹

谦谦君子

zhú

竹

造字故事 ZAOZIGUSHI

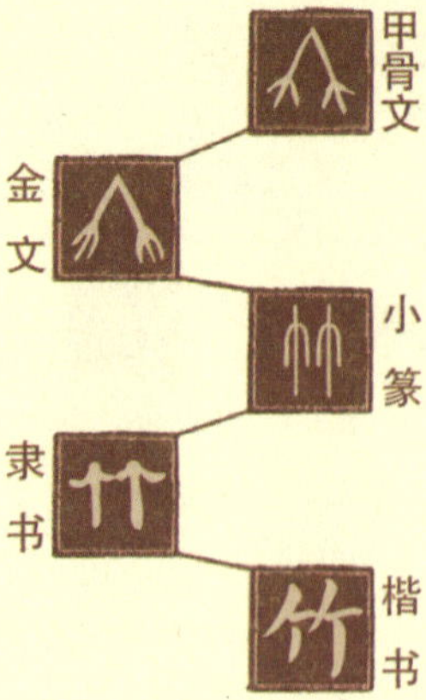


“竹”的甲骨文是象形字，像两根相连的竹枝，下部还各有几片下垂的叶子。

“竹”的金文笔画稍微粗一些，但两个竹枝相连、竹叶下垂的形象没有改变。

“竹”的小篆像两个

独立的竹枝和竹叶并列的形状，隶书中的形体就变成了并列的两个“个”字，此后楷书以及简化字的形体没有太大变化。

竹 甲骨文

## 文化故事 WENHUAGUSHI

人们常说竹是清雅淡泊的谦谦君子。要学习谦逊，竹子可以说是最好的榜样了，司马迁说竹子“外有节理，中直空虚”。我们都知道竹子是空心的，人们从“空心”联想到做人要“虚心”，再加上竹叶都是下垂的，更符合谦虚、低调的形象。人们还由竹节联想到做人要有气节。苏轼说过“宁可食无肉，不可居无竹。无肉令人瘦，无竹使人俗”，这也是很多文人士大夫的心声，做人要虚心、正直、有节操。

跟梅、兰、菊偏重于观赏不同，竹子的实用价值很高。竹笋可以吃，竹子长成之后

可以用来盖房屋、铺地板、做竹筏。在纸张发明之前，人们要记载历史，除了在甲骨、青铜器上书写，更多的是写在竹简上。又因为竹子内部中空，人们就在竹子上挖不同的孔，制成乐器。除此之外，竹子还可以制成钓鱼的“竿”，装笔的“筒”，还可以编成“筐”，做成“筲箕”等等。有形，有神，有用，这就是我们所说的竹。

### 咏竹

南朝梁·刘孝先

竹生荒野外，梢云耸百寻。
无人赏高节，徒自抱贞心。
耻染湘妃泪，羞入上宫琴。
谁能制长笛，当为吐龙吟。

赏析：全诗高度赞美了竹子的高洁清雅、耿介不阿的品质。此诗紧扣竹的特征，而又不刻意求其形似，既有题中之精蕴，更有题外的远致。

【主讲人：王洪涌 华中师范大学文学院 副教授】

# 菊

花中隐士

jú

菊

造字故事

ZAOZIGUSHI

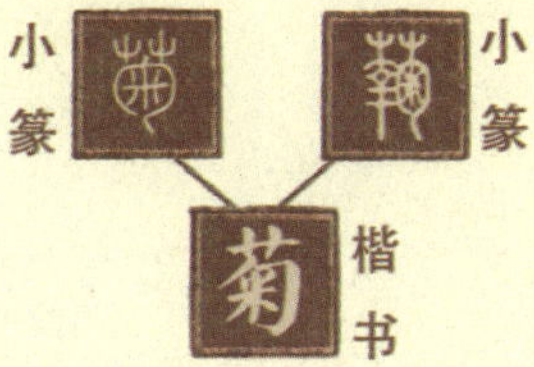


表示菊花的“菊”，小篆原本作“蘜”，是个形声字，上部的“艸”表示它与植物有关，下部是“𦫳”和“匊”组成的“鞠”，表示它的声音。《说文解字》里有：“蘜，日精也，以秋华。”“蘜”最初就是指秋天开放的菊花，后来人们在书写过程中用上部是“艸”下部是“匊”，而本义为蘧麦的“菊”取代了“蘜”本来的写法。楷书中延续了这一写法，逐渐演变成今天的“菊”字。

## 文化故事 WENHUAGUSHI

如果说冬梅“凌寒独自开”，有一种烈士不屈不挠的品格，春兰空谷自适，有一种高士遗世独立的情怀，那么，秋菊则兼有烈士与高士的两种品格。植物一般“春华秋实”，但菊花偏偏在深秋开放。晚秋时节，在斜阳下，在低矮的篱笆旁边，一丛黄菊傲然开放，不畏严霜，不辞寂寞，显示出可贵的品质。

一个人在社会上，如果要标明自己不

从众、不媚俗、特立独行，那么菊花就是很好的代言形象。而对于一些怀才不遇或者是政治上失意的读书人来说，菊则更是成为了一种隐士品格的象征。周敦颐的名篇《爱莲说》就说到："晋陶渊明独爱菊……予谓菊，花之隐逸者也。"说菊花是花中的隐士，可见陶渊明对于菊花文化意义的深刻影响。

古人说："琴棋书画养心，梅兰竹菊寄情。"中国人在一花一草、一石一木中寄寓了自己的一片真情，从而使花木草石拓展或脱离了原有的意义，成为人格的象征和隐喻。

### 饮酒（其五）

晋·陶渊明

结庐在人境，而无车马喧。
问君何能尔？心远地自偏。
采菊东篱下，悠然见南山。
山气日夕佳，飞鸟相与还。
此中有真意，欲辨已忘言。

赏析：诗中"采菊东篱下，悠然见南山"二句，历来被评为"静穆""淡远"的典范。全诗表达了作者厌倦官场腐败，决心归隐田园，超脱世俗追求的思想感情。

【主讲人：王洪涌 华中师范大学文学院 副教授】

# 松

『蓬松』与『松柏』有什么关系？

## 造字故事

ZAOZIGUSHI

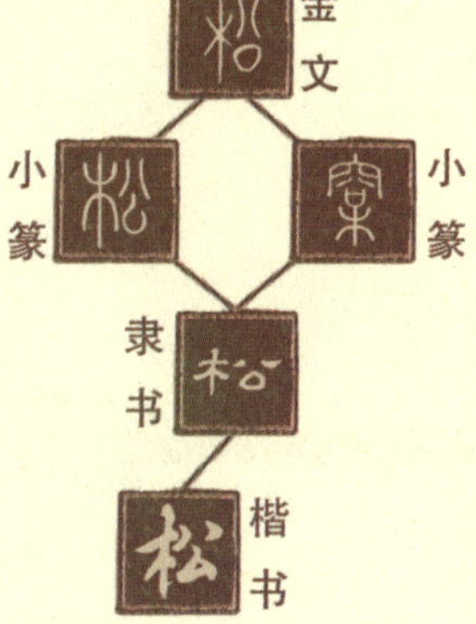


“松”的金文左边是形符“木”，右边是声符“公”。

“松”的小篆承袭了金文的写法。另外《说文解字》中还收录了一个上部是“容”下部是“木”的字形，但并不常用。此后隶书、楷书以及简化字的形体没有太大变化。

松 金文

蓬松的“松”在简化之前写作“鬆”，这是一个形声字，“髟”是它的形符，“松”是它的声符。“髟”是长发下垂的意思，“頭髮（头发）”的“髮”，美髯公的“髯”，下巴上的“鬍鬚（胡须）”，马或者猪颈上“鬃”等等，他们的形符都是“髟”。“鬆”的本义就指的是头发乱，所以它有蓬松的意思，跟“松树”的“松”本来没有关系，只是因为读音相同，汉字简化后，才和“松”共用了一个字形。

文化故事 WENHUAGUSHI

相对于梅凌寒独自开的“傲”以及竹的谦逊、正直的君子之风，松更强调的是它的坚韧。孔子说过：“岁寒，然后知松柏之后凋也。”意思是到了寒冷的季节，才知道松柏是最后凋谢的。有远大志向的君子，要像松柏那样坚韧，无论山巅石缝，都能茁壮成长，无论严寒酷暑，都能四季常青。

除了不畏严寒的坚韧，人们对于松的喜爱还源于它的高大挺拔、姿态奇美的外形。在白居易的《庭松》中就这样写道：“堂下何所有？十松当我阶。乱立无行次，高下亦不齐。高者三丈长，下者十尺低。有如野生物，不知何人栽。”意思是这些高矮不一、形状不同的松树，才是最富有生命力的。显然在诗人眼中，天然无雕饰才是最美的。

### 赠从弟（其二）

三国·刘桢

亭亭山上松，瑟瑟谷中风。
风声一何盛，松枝一何劲！
冰霜正惨凄，终岁常端正。
岂不罹凝寒，松柏有本性。

赏析：全诗以松树为中心，写得集中紧凑，反复歌咏，却不平板单调。诗人借松树的高洁来暗示情怀，以此自勉，也借以勉励从弟。

【主讲人：王洪涌 华中师范大学文学院 副教授】

# 国

## 『国』在古代是什么意思？

guó

国

造字故事 ZAOZIGUSHI

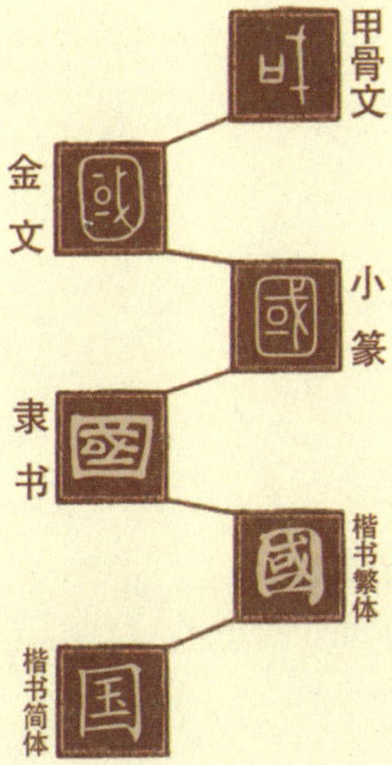


甲骨文的“国”由“口”和“戈”两部分组成，其中“口”表示的是一个封闭的区域；“戈”表示这个区域很重要，要用武器来守卫。这个字就是“国”的本字，后来这个字借用表示为“或者”的“或”字。那么国家的“国”怎么办呢？就在“或”字外边，再加一个框（口），这就是繁体字的“國”。《说文解字》中说：“國，邦也。从口从或。”“國”的里面（或）是一个方块形的地域，底下一横，表示有边界，右边这个“戈”表示守卫。

“国”在古代是什么意思呢？本来是区域的意思，是一个有边界的区域，后来就变成了地域，再到后来变成了封国。随着封国越扩越大，“普天之下，莫非王土，率土之滨，莫非王臣”，凡是王所统一的地方，都成了他的“国”，国就由一个具体的地方，变成了非常广大的地方。

古人说，齐家治国平天下，齐家是指一个大家庭里面有各种各样不同的人。他们又各有不同的需求，一定要把它弄齐了、弄平等了，有这样一个管理的本事才能进一步去治理诸侯国，把诸侯国治理好才能够去平天下。所以古人说国家的时候是把天下和诸侯国连起来的，“国”是诸侯的国，“家”是大夫的家，这是从政治体制来说的，但后来我们也乐意把“国”和“家”联系起来。我们说“家国情怀”，家是国的基础，国是家的保障，爱国爱家是连在一起的，国富强了家才能安稳，而有了一个好的家，大家也能更好地去建设我们的国。

### 渔阳将军

唐·张为

霜髭拥颔对穷秋，著白貂裘独上楼。
向北望星提剑立，一生长为国家忧。

赏析：诗歌描述了一位一生南征北战，历经千难万险，毕生忧国忧民，望国家安宁、人民康泰的老将军形象。

【主讲人：万献初 武汉大学文学院 教授】

# 家

『家』字里为什么有猪的形象？

jiā

家

## 造字故事 ZAOZIGUSHI

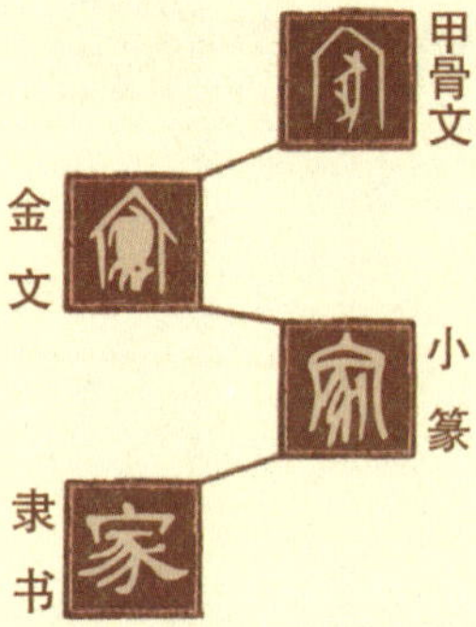


甲骨文的“家”上面和两边构形是侧视房屋的形状，下面是象形字的“豕”，也就是猪。金文的“家”中间的“豕”更加形象化。小篆的“家”字承袭金文字形，进一步线条化。字形发展到隶书和楷书，简化了上部“宀”的写法，就成为了今天的“家”字。

无屋无猪不成家，有屋有猪才是家，古人造字之妙，可从家字的字形中窥其一斑。甲骨文当中，“家”作为会意字，是一个住所的意思。为什么“家”字里面会有猪的形象呢？上古时期，农耕文化的养殖业，是从养猪开始的，人们在野外抓到小的野猪，带到居住地来养，这样人们的肉食供应就有了一个稳定和可靠的来源，所以在居住地上养上猪，才表示有了一个“家”。

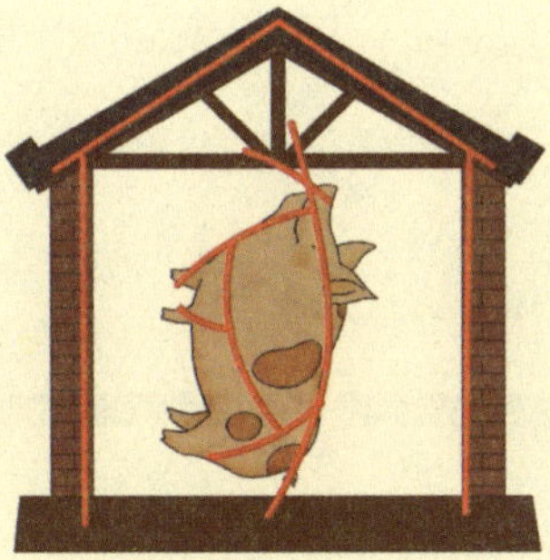

## 文化故事 WENHUAGUSHI

家除了代表住所，也可用来表示学术流派，如春秋战国时期，我们有诸子百家，其中比较有名的是儒家、道家、墨家等等；家也可表示为某一方面的代表人物，如作家、音乐家、政治家、教育家等等；此外，在我们平时的口语当中，家还可以表示自己，如家父、家母、家人等等。家也用作量词，如三家饭馆、五家企业等等。

“国家”是一个我们最熟悉的词，家是国的基础，国是家的延伸，家国情怀就像川流不息的江河，滋润着每个人的精神家园。

### 回乡偶书

唐 · 贺知章

少小离家老大回，乡音无改鬓毛衰。
儿童相见不相识，笑问客从何处来。

赏析：诗中描绘了一幅年迈游子归乡之时既温馨又伤感的画面。

【主讲人：李健 甲骨文专家】

# 安

ān

安

房子里画个女，是想说娶妻成家就安定下来了吗？

## 造字故事

ZAOZIGUSHI

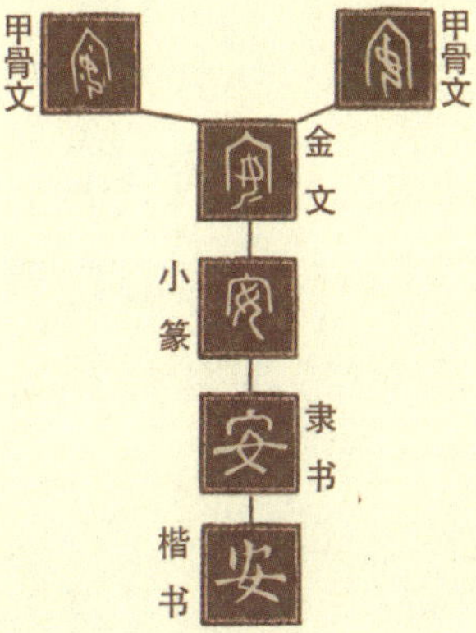


“安”的甲骨文从宀从女。《说文解字》说：“安，静也。从女在宀下。”

中国传统观念里的女性就是娴静的，甲骨文里的“女”就取象于一个女子两手相交于膝上安坐着的形象。所以“安”

是以女子静坐于屋下来传达安静的含义。由安静引申而有安定、安适、安全等意思。在某一位置上停下来，就是安营扎寨、安置，把东西放在某一位置就叫安放、安装了。

安 甲骨文

金文的“安”在女的旁边或下边作一小斜线，有学者主张斜线像坐席。小篆字形没有保留女下的斜线。隶书、楷书笔画规整后，就成了今天的字形。

## 文化故事 WENHUAGUSHI

“安贫乐道”是儒家提倡的一种为人处世的作风，《论语·学而》里说，子贡问老师：“贫而无谄，富而无骄，何如？”意思是为人贫穷但不谄媚，富有但不骄横，怎么样？孔子回答说：“可也，未若贫而乐，富而好礼者也。”孔子提出了一种更高的境界，就是贫而乐道、富而好礼。人无论贫穷还是富有，都应该有自己的理想信仰与追求。

战国时的颜斶（chù）便是安贫乐道的典型。《战国策》里讲，齐宣王希望拜颜斶为师，让他每餐有肉吃，出门有车坐，妻子儿女都锦衣玉食，结果颜斶拒绝了，他说玉生在山中，如果雕琢就破坏了本色，不是不宝贵了，只是璞玉不再完美了；士人生在乡野，如果推选出来做官，不是不尊贵了，只是精神不再独立自由了，“斶愿得归，晚食以当肉，安步以当车”。他希望返璞归真，过自由自在的生活，晚点吃饭，饿了时吃什么都觉得跟肉一样美味，安稳缓慢地行走时跟坐车一样舒服。

### 逢入京使

唐·岑参

故园东望路漫漫，双袖龙钟泪不干。
马上相逢无纸笔，凭君传语报平安。

赏析：这首诗一方面表达了作者怀乡思亲的凄苦心情，另一方面也表现了作者渴望建功立业的豪情。

【主讲人：谭飞 中南财经政法大学中文系 副教授】

# 危

wēi

危

危字里有一座危险的悬崖？

造字故事 ZAOZIGUSHI

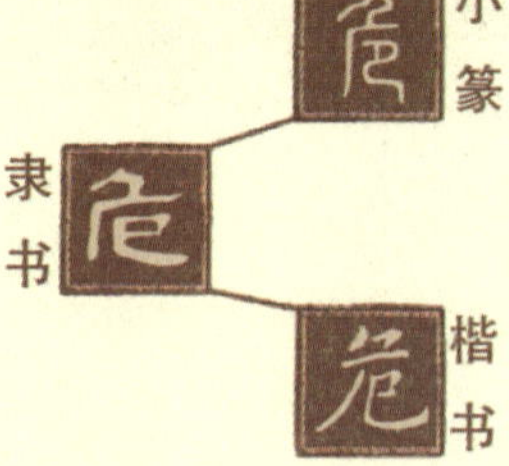


小篆的危，由“𠂊”和“卩”组成。

“𠂊”像人站在高高的山崖之上，以人在高险之处表现危险的感觉；“卩”像跪坐的人形，在山崖下加个跪坐的人，大概是想增加山崖高而令人仰视的意味。

隶书、楷书将小篆圆润的线条平直化，字形方正化，就成了今天的字形。

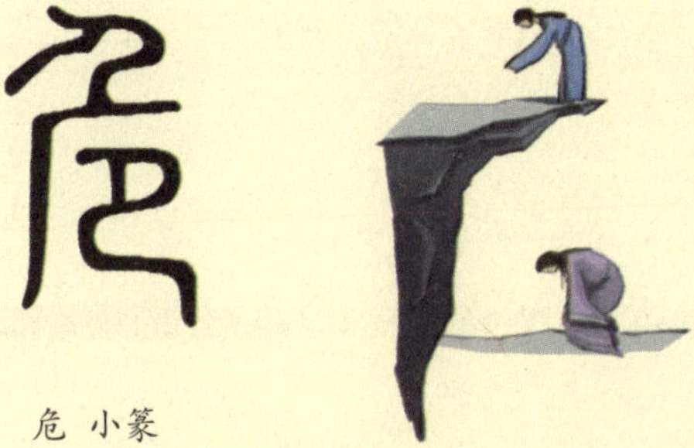

危 小篆

## 文化故事

WENHUAGUSHI

人们常用“危如累卵”来形容形势危急，这个“卵”可不是青蛙或鱼的卵，而是鸟类的蛋。“危如累卵”是说危险的形势就如同把蛋堆起来一样，因为蛋太光滑了，堆起来随时有坍塌打碎的危险。这个说法出现得很早，《韩非子》里讲，晋国公子重耳在逃亡时路过曹国，曹君不仅不以礼相待，还戏弄重耳，曹国大夫釐（xī）负羁感觉不妥，劝说曹君，但曹君不听，釐负羁只好私下里派人送给重耳精美的食物和珍贵的礼物，后来重耳回国继位，史称晋文公，三年之后举兵伐曹，灭了曹国。韩非就此事点评说：“曹，小国也，而迫于晋楚之间，其君之危，犹累卵也。”指出曹本来就是一个小国，夹在晋楚两个大国之间，危如累卵，却无礼待人，是其亡国的主要原因。

### 夜宿山寺

唐·李白

危楼高百尺，手可摘星辰。
不敢高声语，恐惊天上人。

赏析：诗歌以极其夸张的手法，生动形象地描摹出了山寺高耸云霄的非凡气势。其中的“危”强调的是高的意思。

【主讲人：谭飞 中南财经政法大学中文系 副教授】

fǎ

# 法

『法』中原来有一只『触不直者』的怪兽！

## 造字故事

ZAOZIGUSHI

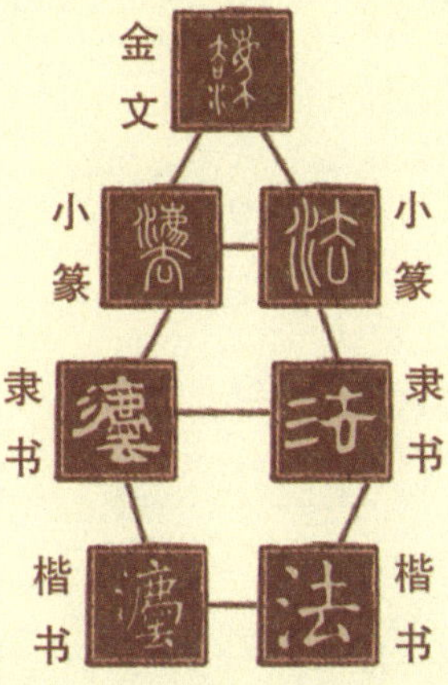


“法”的繁体字是“灋”，《说文解字》说：“灋，刑也。平之如水，从水。”古人认为，静止的水是最平准的。刑法讲究公平，所以它从水。字形中的“去”字，要读qǔ，是“除去，去掉”的意思。具体地说，就是

要去掉这些为非作歹的人或事。可见古人很早就关注到执法的正义。以上根据字形里的“水”和“去”，我们可以得出：“法”字具有“公平”和“正义”这两个重要的含义。

而“灋”（法）字中，还含有一个“廌”字，廌就是獬豸（xiè zhì），是传说中的一种祥兽，类似麒麟，它拥有很高的智慧，能够明辨是非曲直、善恶忠奸。

今天简体字的“法”是“灋”字的一个后起的异体字。许慎说“法”是繁体字“灋”的“今文省”，这是承认了先有很繁的“灋”，后来才有我们今天这个“法”。汉代隶书当中，“灋”和“法”都在使用。

“灋”中的“廌”所指的獬豸，是一种类似麒麟的神兽，身上长着又浓又密的毛发，两只眼睛明亮有神，它的额上长着一只角，是一种独角兽。它通人性，一旦发现奸邪的人，就会用它的独角把那个人给触倒。当人们发生冲突或者纠纷的时候，这种独角兽就能用角，触向无理的一方，让犯法的人不寒而栗。所以在古代，獬豸就成了执法公正的化身。

### 放言五首（其三）（节选）

唐·白居易

赠君一法决狐疑，不用钻龟与祝蓍。
试玉要烧三日满，辨材须待七年期。

赏析：这首诗以极通俗的语言说出一个道理：对人、对事要得到全面的认识，都要经过时间的考验，从整体情况去衡量、去判断，而不能只根据一时一事的现象下结论。

【主讲人：孙玉文 北京大学中文系 教授】

# 律

『法』和『律』有什么区别？

lǜ

律

造字故事 ZAOZIGUSHI

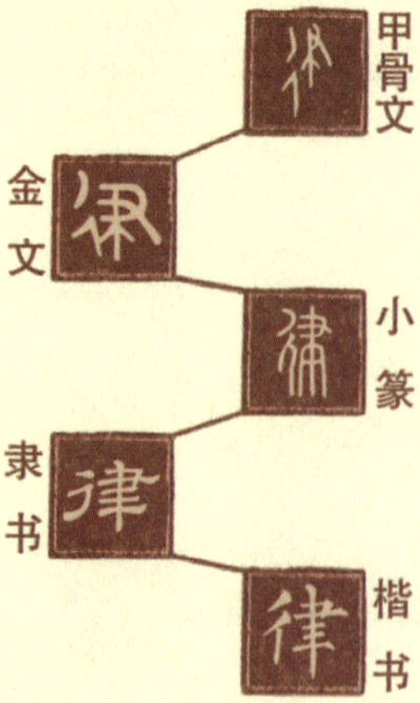


甲骨文的“律”字左边是一个半边的行字，要读chì，表示运行、行进的意思。右边是一个聿（yù）字，聿的本义是笔的意思，古代的笔是毛笔，是用竹管做的，所以律原本是一个与竹管有关的字，再加上左边的

“彳”，合起来表示古代定音或者是候气的律管。

古人用“律”来定音，有“十二律”的说法。据说是用十二个长度不同的律管，吹出十二个高度不同的标准音，来确定乐音的高低。

由于古人用这种管的长短确定音阶高低，观测节候的变化，由此“律”就引申出“标准，准则，规律”的意思。而标准、准则、规律是对人们有约束的，要求人们执行，因此“律”就有了“法律，法令”的含义。

金文与小篆的形体与甲骨文相似。隶书与楷书将字形进一步线条化，逐渐演变为今天的“律”字。

文化故事 WENHUAGUSHI

提到“律”，我们很容易想到“法”这个字。生活中我们经常把“法律”连起来使用，这两个字有什么区别呢？

“法”字是从人的角度来说的，强调人们必须按照法律条文办事，所以“法”这个字还由“法律，法令”引申出“效法，效仿”的意思；而“律”本来是律管，是校正乐音的标准，它表示法律的时候，是从法律的权威性角度来说的，强调对人有约束作用。

总之，“法律”两字中，“法”强调公正和人的主观遵守，而“律”强调的是外部约束。

早梅（节选）

唐·齐己

风递幽香去，禽窥素艳来。
明年如应律，先发映春台。

赏析：这是一首咏物诗。诗人以清丽的语言、含蓄的笔触，刻画了梅花傲寒的品性，并寄托了自己的怀才不遇和清高孤傲。

【主讲人：孙玉文 北京大学中文系 教授】

# 制

立刀旁的『制』是表示用刀来惩罚人吗？

zhì

制

## 造字故事

ZAOZIGUSHI

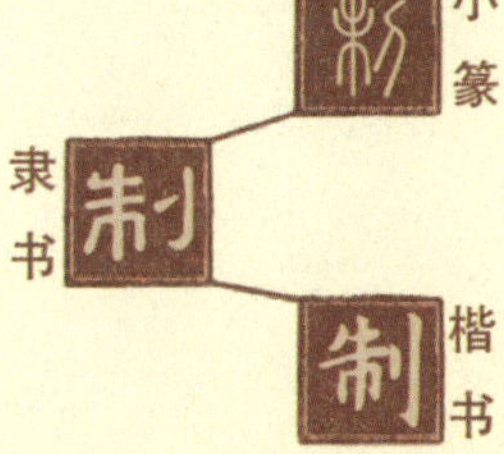


小篆的“制”是一个会意字，左边是“未”，表示繁茂的树木，右边是“刀”的象形。树木长成熟了，就到了可以砍伐的时候了，于是“制”就有了裁断的含义。隶书的形体将右边的“刀”写成了“刂”。楷书承袭了隶书的写法，逐渐演变为今天简化字的“制”。

制 《说文》古文

“制”字，虽然右边是立刀的刀字，但是这把刀不是用来惩罚犯人的，它表示裁断、截断的意思。

《说文》说：“制，裁也。从刀，从未。”“制”从“刀”容易理解，但左边的“未”字跟“裁断、割断”的意思又有什么关系呢？

原来这里的“未”最初的意思就是滋味。六月的时候，树木长成熟了，滋味就形成了，也就到了可以砍伐的阶段。有时候，古人还在“未”和“刀”的旁边画三撇，这三撇代表用刀等工具伐木所留下来的伐痕。

所以，两形合一，“制”字就有了依式裁割、裁断、切割的意思。

“法制、制度”中的“制”，表示的是根据约束人的一套准则、规范，对人们的行为进行裁断，这个就是根据“制”字的本义引申来的意思。

“制”字由“依式裁断，切断，割断”的本义，还发展出不少别的字义。其中一个是特指裁制衣服。这个意义后来写作制下面加一个衣字旁的“製”，简化字又写成我们今天这个“制”。我们今天还有双音词“制造”“制作”，因为制造物品常常要对原料进行裁制，其中的制也同样是根据它的本义引申而来的。

### 离骚（节选）

战国·屈原

制芰荷以为衣兮，集芙蓉以为裳。
不吾知其亦已兮，苟余情其信芳。
高余冠之岌岌兮，长余佩之陆离。
芳与泽其杂糅兮，唯昭质其犹未亏。

赏析：《离骚》是一首长篇政治抒情诗，诗中大量的比喻和丰富的想象，表现出积极的浪漫主义精神，并开创了中国文学史上的“骚体”诗歌形式，对后世有深远影响。

【主讲人：孙玉文 北京大学中文系 教授】

# 纲

gāng

纲

《本草纲目》里的『纲』和『目』是什么意思？

## 造字故事

ZAOZIGUSHI

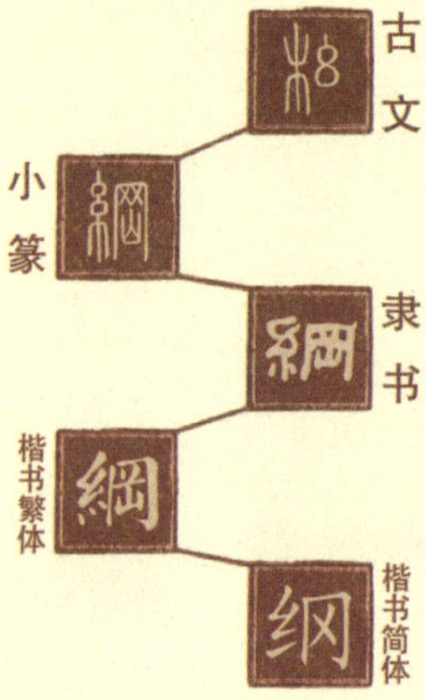


“纲”字在《说文》中有两种字形。其中一种是古文字形，所谓古文，指的是汉代发掘出的古文经典中的字体。《说文》收的“纲”的古文字形（）是会意字，从木从幺，幺本义是细丝，这里表示网，因为网是用

丝绳制成的，从木，表示在网上增加一个木棍之类的东西。“纲”的古文，表示的应该就是用来提网的木柄。

纲 古文

小篆的“纲”不再从木从幺，而是从糸罔声，罔同时也表意。“罔”后来简化成“冈”。《说文》说：“冈，山脊也。”山脊是群山的主脉，也就是山最核心的部分，代表山脊的“冈”和代表网的“糸”组合起来，表示纲是网最核心的部分，所以《说文》解释说“纲，维纮（hóng）绳也”，意思是“纲”是维系全网的大绳、提网的总绳。小篆和古文的字形虽然有差异，但无论是网柄还是总绳，都用来提网，二者其实是相通的。

## 文化故事 WENHUAGUSHI

《本草纲目》是我国著名的中医典籍。书名中的“本草”即中草药，因为古人的药书中记录的药物大多是草类，也就是以草为本，所以用“本草”来作为这些药的统称。那“纲目”又是什么呢？前面说了，“纲”是网的总绳，一张网由不同的网线交织出一个一个的网眼，这些网眼也被称为“目”。网眼的扩张、收缩、变形都离不开纲，所谓“举一纲而万目张”，撒网时，提起网上的总绳，所有网眼都会张开，所以“纲”可以统领“目”。

李时珍之所以花27年著《本草纲目》，就是为了突破历代本草药书“一药多名，多药一名”的弊端，达到“为本草立纲定目，祛除误药之源”的目的。他给书中的每一种药都列了一个正名，这个正名就是“纲”；在正名之下又列举了很多别名，这些别名就是“目”，就像用大绳来控制网眼一样，把药物的各种别称归类到正名之下，这样看起来规范、清晰、一目了然，也就大大减少了配错药的风险。

### 诗经·大雅·卷阿（节选）

有冯（píng）有翼，有孝有德，以引以翼。
岂弟君子，四方为则。
颙（yōng）颙卬（áng）卬，如圭如璋，
令闻令望。岂弟君子，四方为纲。

赏析：这是一首歌颂周天子的颂美诗。

【主讲人：李治平 湖北师范大学语言学研究中心 教授】

jīn

# 斤

## 斤

「斤」本来是一把斧头？

造字故事 ZAOZIGUSHI

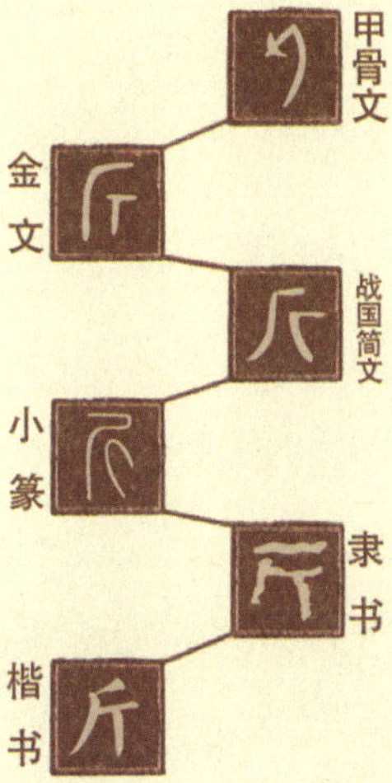


甲骨文的“斤”一看就是个象形字。《说文》说：“斤，斫木斧也。象形。”斤就是专门用来砍树的斧头，上面带箭头的弯曲部分是斧头，竖着的部分是斧柄。

金文的写法跟甲骨文有很大的区别。战国简

文、小篆的“斤”也类似于金文。从金文到小篆，斧头的样子在哪里呢？段玉裁说：“横者象斧头，直者象柄，其下象所斫木。”就是说斤左上部曲尺形的部分，横着的像斧头，直着的象斧柄，而右下曲折的部分像砍下来的木片。到了隶书和楷书，就把“斧头”写成了一横撇，“斧柄”写成了一竖撇，右下曲折形的“木片”，就写成了一横一竖，我们今天的“斤”就是这么演变来的。

斤 甲骨文

## 文化故事 WENHUAGUSHI

“斤”本来是斧头一类的工具，而作为重量单位、表示斤两意义的“斤”，只是借用了斤斧之“斤”的字形和字音，来表达斤两之“斤”的意义。在文字学上，这叫做“本无其字，依声托事”的假借。后来由于斤两的意思变得常用了，人们就逐渐用“斧”字取代了“斤”表示斧头。“斧”

是个形声字，从斤父声，比斤产生得晚，我们把自己的文章著作赠送给人，常常会谦虚地说“敬请斧正”，是请人修改、指正的意思，因为古代的文章都写在竹简和木牍上，写错了要修改，就用刀子或斧头把错了的地方削去再重新写。“斧正”也可以说成“斤正”。

## 紫薇花二首（其一）

宋·袁燮

蒙茸曲径紫薇花，
几载藤萝巧蔽遮。
暂借斧斤还旧观，
依前万蕊吐新葩。

赏析：诗人通过想借斧斤为紫薇花挣脱藤萝的遮蔽，令它沐浴阳光、自由怒放的意境，表达了对自由施展才华的向往。

【主讲人：刘宝俊 中南民族大学文学与新闻传播学院 教授】

# 兵

『乒』『乓』为什么各自比『兵』少一笔？

---

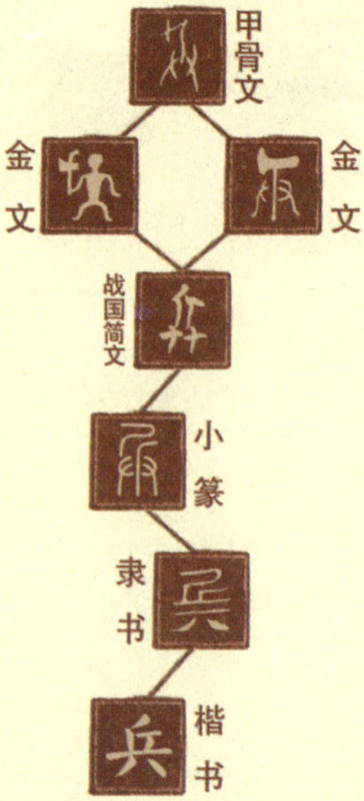


## 造字故事

ZAOZIGUSHI

甲骨文的“兵”描绘了双手握着斧头的样子，上面是“斤”，表示斧头，下面是“廾”，表示双手，本义是兵器。商周金文的“兵”字比甲骨文更加形象，有的是一个人手里拿着一把斧头，有的是一双手捧着一把斧头。战国简文的“兵”字，双手还依稀可见，但上面的“斤”已经不像斧头了。小篆的笔画线条更加规整、圆润。隶书上面的“斤”跟小篆相近，但下面的“廾”却写成了两横、一撇、一捺。楷书进一步规整，就形成了今天的字形。

兵 甲骨文

“乒”“乓”各自比“兵”少一笔，是不是意味着少了一只手，而只有一只手拿着斧头呢？并非如此，“乒乓”是明代人借用“兵”的字形和读音，创造出来的象声词，形容放枪或者东西撞击的声音，它们是在楷书“兵”的基础上，分别省去下面的一点和一捺构成的，跟古文字“兵”下面的手并没有关系。

## 文化故事

WENHUAGUSHI

《说文》说："兵，械也。从廾持斤。"械就是兵械。"兵"在"兵器"的本义上，后来引申出"拿兵器的人"即"士兵"的意义，这种词义的演变叫做"意义转移"。

我们常说的"草木皆兵"中的"兵"，就是士兵的意思。《晋书》记载，东晋时秦王苻坚率领九十万大军攻打东晋。东晋派大将谢石、谢玄领兵八万迎战。苻坚傲慢轻敌，根本没把力量悬殊的晋军放在眼里。没料到一交战秦军就大败，苻坚的精神一下崩溃了，夜晚视察前线时，看到晋军驻扎的山上的草木，都感觉是漫山遍野的士兵。

除了士兵，兵还引申出军事、战事的含义，例如成语"纸上谈兵"。于是"兵器"的本义就慢慢弱化，在现代汉语中就已经基本消失了。

### 从军行（其一）

唐·李白

百战沙场碎铁衣，城南已合数重围。
突营射杀呼延将，独领残兵千骑归。

赏析：诗歌以雄浑的气概，将一场惊心动魄的突围战，渲染得无比壮烈，让人感到这些从血泊中拼杀出来的英雄凛然可敬。

【主讲人：刘宝俊 中南民族大学文学与新闻传播学院 教授】

gàn

# 干

## 干本来是一面盾？

造字故事 ZAOZIGUSHI

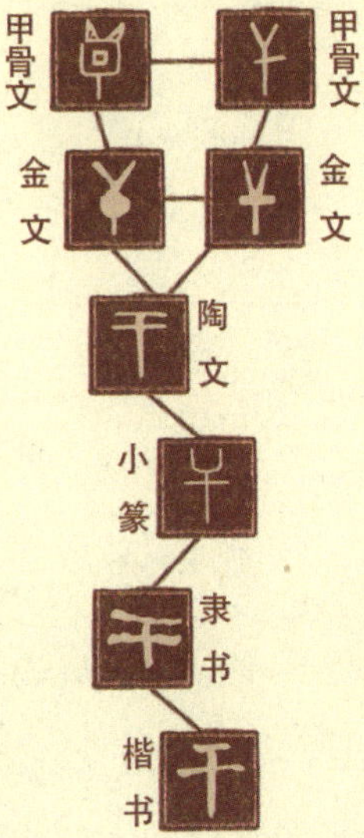


“干”在甲骨文中有两种基本的写法。

第一种写法中间是个方形，上面是一个“丫”字头，下面是一竖。郭沫若认为这是一面盾牌，中间方形的部分就像盾牌，上面开叉的部分是装饰盾牌的羽毛，下面一竖是盾牌的柄。

第二种写法把中间的方形简化成一横。

干 甲骨文

金文也有两种写法，第一种（）将中间的盾牌画成了圆形，第二种（）和甲骨文一样。

战国陶文的字形，将“丫”字头拉平变成了一横，“干”字于是成了两横一竖的字形，之后的小篆、隶书、楷书都继承了这个字形。

根据西汉扬雄的《方言》一书记载，“干”和“盾”是秦汉时期汉语方言的不同叫法。在函谷关以东的东方六国都叫“干”，以西的秦国叫做“盾”。在先秦时代大多说“干”而较少说“盾”。后来秦国统一天下后，“干”和“盾”就来了一个反转，人们就不说“干”而改说秦国方言“盾”了，并一直延续到现代。

---

文化故事 WENHUAGUSHI

“干”是盾牌，常常用来抵挡对方的进攻，于是就引申出冒犯、触犯、冲撞的意思。古代把违法犯典叫“干典”，违犯命令叫“干命”，越位接触政治叫“干政”。

进一步引申又有干涉、干扰等含义，这些都和“干”的武器意义相关联。

而“干燥”的意思与盾牌是无关的，表示“干燥”的字本来应写作“乾”，古代“乾”有两个读音：读 qián 时是乾坤的乾，读 gān 时是干燥的意思。

还有“干”读作 gàn 所表示的各种意义，如树干、主干、干线、干事、干练等等，原本应该写作“榦”，“榦”本来是指古代筑墙时竖在夹板两边起固定作用的木柱子，后来引申指事物的主体、主干部分，

简化汉字时，“干”“乾”“榦”合并成一个字形。

### 干戈（节选）

宋·王中

干戈未定欲何之，一事无成两鬓丝。
踪迹大纲王粲传，情怀小样杜陵诗。

赏析：这首诗表达了诗人对战乱局势的茫然失望，流露出一事无成的忧虑和无可奈何的心境。

【主讲人：刘宝俊 中南民族大学文学与新闻传播学院 教授】

# 戈

戈是兵器里的老祖宗？

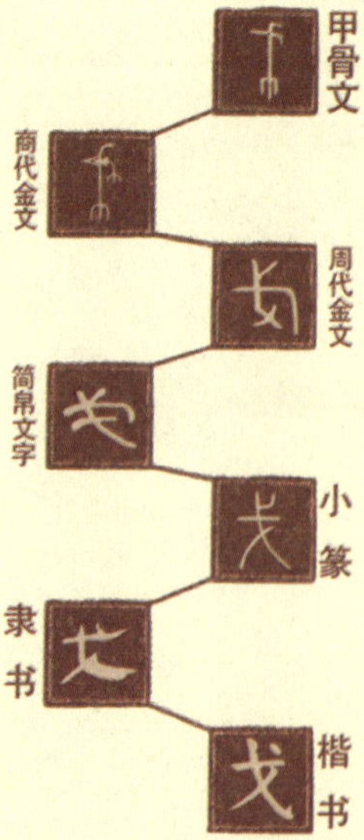


## 造字故事 ZAOZIGUSHI

甲骨文的“戈”像一把竖立的长柄武器，上端是戈头，中间是戈柄，下方的倒山字形是便于戈在不用时可以插在地下的底座。商代金文的“戈”比甲骨文更加形象。周代至战国的金文和简帛文字，笔形变得线条

化、抽象化了。小篆和隶书、楷书的“戈”都继承了战国文字的形体，线条进一步规整，就成了今天的字形。

戈 甲骨文

---

## 文化故事 WENHUAGUSHI

《说文》说：“戈，平头戟也。象形。”这种类似于“丁”字形的平头兵器，是我国青铜器时代的主要兵器，流行于商周至秦汉。

戈前面弯弯的部分，看起来是不是很像镰刀？没错，兵器专家认为，戈就是由镰刀类的收割工具演变而来的。在先秦时代，它是最重要、使用最广的武器之一。人们用绳子把戈头往木柄上一绑就可以用了，制作非常简单，而且戈是镰刀、柴刀之类进化而来的，那些上战场的农民，平时都要打柴割草的，用起戈来得心应手。这样又简单又实用还轻便的武器，你说它能不受欢迎吗？不过，由于戈绑在长柄上容易脱落或者转头，随着兵器和战术的发展，汉代以后戈就被逐渐淘汰了，后来只用作仪仗兵器。

戈作为武器虽然淘汰得早，但它早已成为了中国古代各类武器的代表，对后来兵器的发展产生了深远的影响，甚至超越兵器本身，渗透到古代的战争文化中。在汉字中，有很多跟战争和兵器相关的字，都有戈字旁，如战、伐、戎、戒、戡、戮、戕、戟、戊等等。

### 马上作

明·戚继光

南北驱驰报主情，江花边月笑平生。
一年三百六十日，多是横戈马上行。

赏析：这首诗平易自然，朗朗上口，表现了诗人心怀天下、不惜万里奔波的崇高的襟怀。

【主讲人：刘宝俊 中南民族大学文学与新闻传播学院 教授】

qī

戚

# 戚

亲戚和斧头有什么关系？

造字故事 ZAOZIGUSHI

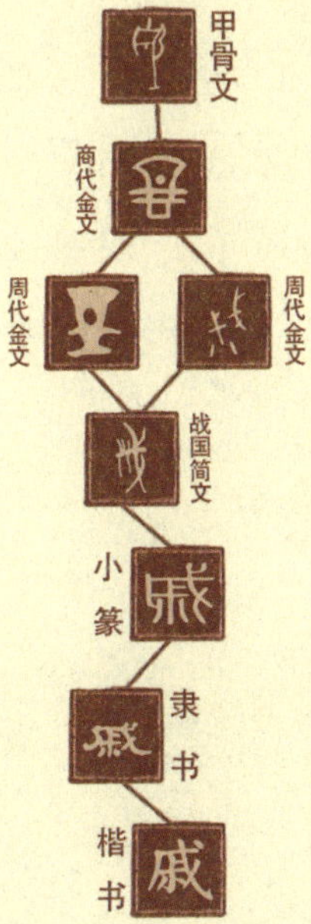


甲骨文的“戚”描绘了一把长柄的斧头。

在商代的金文中，“戚”变成了一把没有安上柄的斧头。周代的金文“戚”出现了两种写法，一种和商代金文是一样的象形字，另一种则变成了一个从“戈、尗”声的形声字（）。

小篆的“戚”（）把之前的形符“戈”换成了“钺”的古字“戉”。《说文》说：“戚，戉也。从戉、尗声。”戉就是斧钺的“钺”，是长把的大板斧。“戚”是比钺略小的一种板斧。

戚 甲骨文

隶书、楷书中“戉”又变成了“戊”，不过意义没有变化，因为“戊”也是斧钺之类的兵器。

同样是斧头，为什么斤画得那么抽象，戚却画得这么形象呢？这是因为斤是用来砍树的斧头，斧面小而厚，所以就画成了小小的箭头形状（）；而戚是《水浒传》中李逵用的那种大板斧，斧面大而薄，所以甲骨金文就把斧面画得很大（）。另外，如果不是同一个人造字，就算是同样的东西，不同的人画出来的形状也会不一样。

含有兵器意义的“戚”和亲戚有什么关系呢？在战争年代，战士的命运十分的凶险，一旦结为战友，就是同呼吸、共命运的生死兄弟。所以《诗经·秦风·无衣》说：“岂曰无衣？与子同袍。王于兴师，修我戈矛，与子同仇！”与子同“仇”是指同仇敌忾吗？恰恰相反，汉代毛亨解释说：“仇，匹也。”三国曹植的《浮萍篇》中说“结发辞严亲，来为君子仇”，意思是我成年后辞别了父母，嫁到你家作了你的妻子。这里的“仇”都是指伴侣、配偶，在配偶的意义上引申出同伴、朋友的意思。同上战场的战友既然是同伴、同仇，那么亲戚的“戚”，很有可能来自于一同持戚杀敌的战友之亲，由战友之亲再扩大指亲人、亲戚。

### 除夜

唐·来鹄

事关休戚已成空，万里相思一夜中。
愁到晓鸡声绝后，又将憔悴见春风。

赏析：这首诗描写诗人漂泊在外、因思念亲人彻夜不眠，抒发了浓郁的羁旅之愁和思念之苦。其中“戚”指忧虑，由本义作为凶器的斧子引申而来。

【主讲人：刘宝俊 中南民族大学文学与新闻传播学院 教授】

# 戟

jǐ

戟

## 方天画戟是什么样的兵器？

## 造字故事

ZAOZIGUSHI

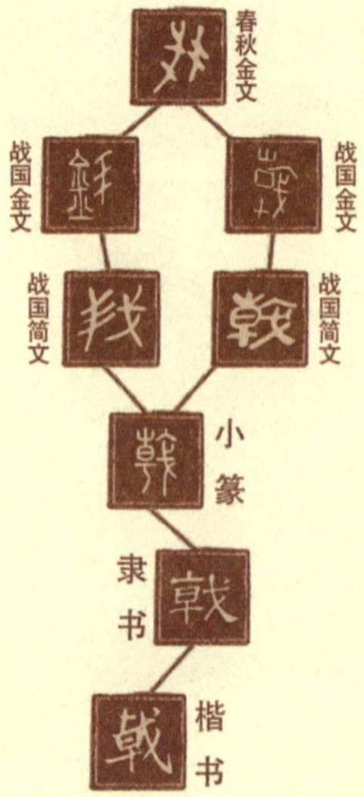


“戟”字最早出现在春秋时期的金文中，只是和今天的结构不太一样。左边是“戈”的反写，右边是“丰”（jiè）的省写，是从戈、丰声的形声字。战国金文中有的从金、丰声（），有的从戈、从倝（）。

春秋金文（夫差戟）

小篆（戟）则承袭了从戈、从倝的写法。《说文》说："戟，有枝兵也，从戈、倝。"徐铉注释说，"倝"应当是"榦"字的省略。《说文》的意思是，戟是戈一类的兵器，横刃像枝条，戟头是装在木干上面的。

隶书、楷书进一步省掉了"倝"右边的"人"，就变成了今天的"戟"字。

## 文化故事 WENHUAGUSHI

戟是将戈、矛合为一体的长柄冷兵器，戟杆的顶端装有金属枪尖，这就是矛。

戟杆前端的一侧或者两侧，有月牙形的刀，通过两枚横枝跟枪尖相连，这就类似于戈。一侧有戈的叫青龙戟，两侧都有戈构成井字形的叫方天戟。吕布的方天画戟，是在戟杆上还有彩绘装饰，所以叫画戟，又称画杆方天戟。

古代天子殿前道上，都有相向的两列武士持戟站立以为警卫。汉朝制度规定，凡宰辅大臣带兵出征、面见天子时，都需“交戟叉颈”。就是两个武士用长戟交叉架于脖颈之上，押着去朝见天子，以防不轨。当年曹操准备征讨张绣时带兵觐见汉献帝，就经历过“交戟叉颈”的待遇，被吓得不轻，从朝廷下来之后，看着身边自己的人，面如土色，汗如雨下，话都说不出来。那时曹操手拥重兵，“挟天子以令诸侯”，如果此时汉献帝想要摆脱曹操的控制，只要两个武士用戟一夹，曹操人头就要落地。所以曹操走出朝堂，十分害怕，从此就再也不敢面见天子了。

### 赤壁

唐·杜牧

折戟沉沙铁未销，自将磨洗认前朝。
东风不与周郎便，铜雀春深锁二乔。

赏析：这首诗是诗人经过赤壁时有感而作，蕴含机遇造人的哲理，且隐含着诗人对自己生不逢时、怀才不遇的感慨之情。

【主讲人：刘宝俊 中南民族大学文学与新闻传播学院 教授】

# 弓

## 弓是谁发明的？

gōng

弓

造字故事

ZAOZIGUSHI

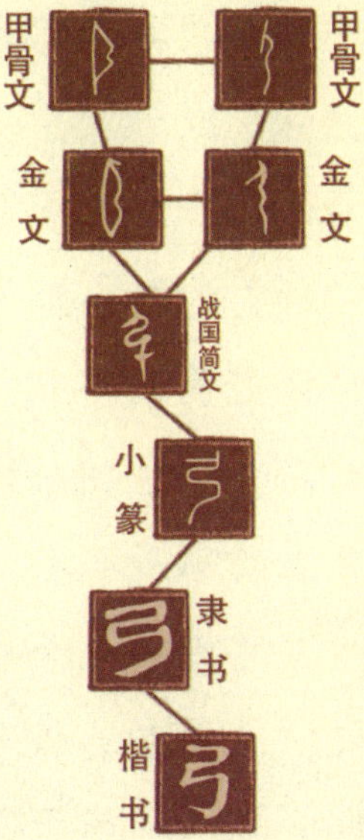


甲骨文的“弓”描绘了一把弓的形象，有两种写法，一种像绷紧了弦的弓，另一种像弦的一端解开了的弓。这两种写法分别描绘了弓弦张、弛的两种状态。金文继承了甲骨文的“弓”或张或弛的两种写法。战国文字只继承了甲骨、金文弛弓的写法。小篆、隶书、楷书把原来弓弧上端吊着的弓弦写成了上面的一横笔，就成了今天的字形。

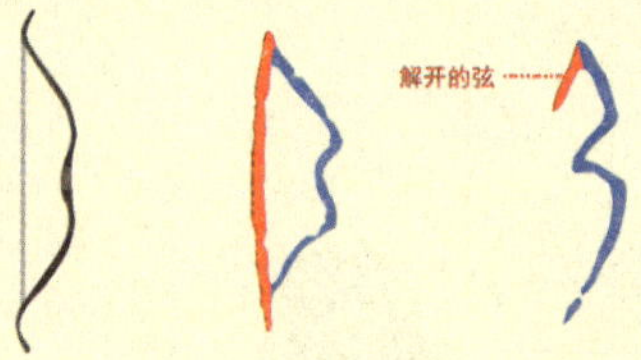


弓　甲骨文1　弓　甲骨文2

## 文化故事 WENHUAGUSHI

史籍记载，发明弓箭的人是黄帝的子孙“挥”。据说挥从小就很聪明，喜欢观察和研究天象。天上有一组弧矢星，又称为“天弓”，由九颗星排列成弓箭的形状。一天夜晚，挥看到一颗流星从弧矢星之间飞速划过，突然灵光一闪，就仿照弧矢星的形状，把树枝弯曲为弧，将兽皮切割作弦，把竹木削成矢，研制成了我国历史上的第一把弓。

《世本》《元和姓纂》《新唐书·宰相世系表》等古籍记载，挥发明弓箭后，被黄帝任命为弓正，负责制造弓矢，赐其子孙

姓张。有一副张姓族人镌（juān）刻于各地张姓宗祠而广泛流传的楹联——“弓力千钧东风劲，长空万里北斗明”，上下联的首字“弓”“长”合成一个“张”字，昭示了张姓的起源跟弓箭、星象之间的关系。

### 暮江吟

唐·白居易

一道残阳铺水中，半江瑟瑟半江红。

可怜九月初三夜，露似真珠月似弓。

赏析：诗歌描绘了一幅幽美的秋江图，景绝韵绝，令人神往。

【主讲人：刘宝俊 中南民族大学文学与新闻传播学院 教授】

# 矢

箭和矢有什么区别？

shǐ

矢

造字故事 ZAOZIGUSHI

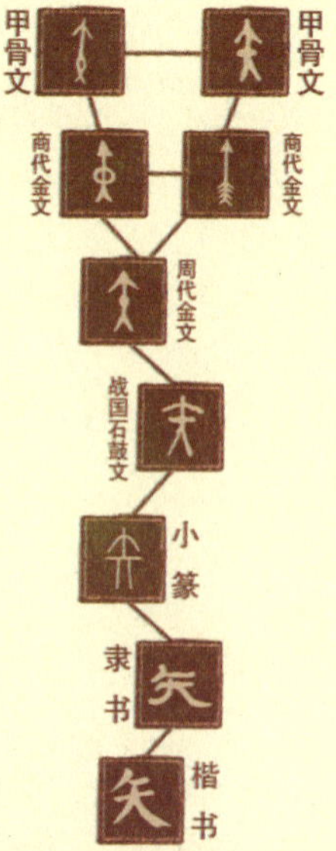


“矢”字在甲骨文中像一支向上竖着的箭，上端是尖尖的箭头，中间是箭杆，箭杆上有一个菱形或一短横的东西，不知为何物。下端是箭尾。箭尾分叉的部分是羽毛。

商代金文的写法跟甲骨文基本相同。小篆

则把箭杆中间的短横拉长，箭尾分叉的羽毛变成了分开的两竖，就不太像箭的形状了。到了隶书和楷书，尖尖的箭头变成了一撇和一横两笔，箭身和箭尾变成了一个“大”。

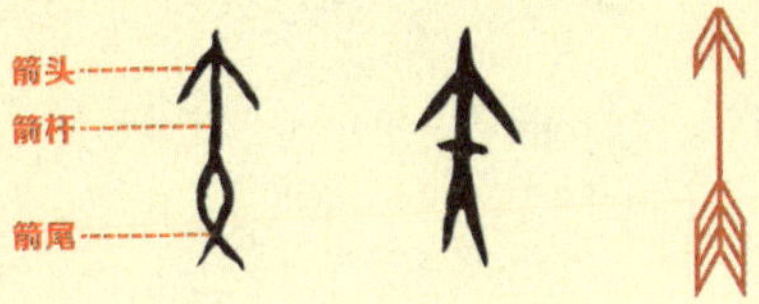


矢 甲骨文1 矢 甲骨文2

《说文》说：“箭，矢竹也。从竹、前声。”箭的本义并不是矢，而是一种竹子，就是大熊猫喜欢吃的那种箭竹。箭竹的竹竿细小、挺直、光滑，最适合作箭杆，所以叫箭竹。后来“箭”的意义发生了转移，不再指箭竹，而是指箭矢。

## 文化故事 WENHUAGUSHI

在枪炮发明前的古代，弓和矢是最重要的远距离射杀武器。《周礼·保氏》规定，王公大臣的儿子从小就要教以“六艺”，即六种知识技能，其中之一就是射箭。射箭不仅是掌握杀敌保国的必备武艺，也是修身养性、强身健体的体育活动，在历史上极受重视。古人经常会在宴会上比赛射箭来助兴。

《诗经》有一首《宾之初筵》的诗歌，其中写道："大侯既抗，弓矢斯张。射夫既同，献尔发功。发彼有的，以祈尔爵。"翻译成白话就是：瞄准的大靶已经挂起来，箭在弦上弓也已拉开。射手们都来到了靶场上，把你们的功夫都亮出来。开弓发箭都要一射中"的"，为的是借此饮酒乐开怀。射箭既好玩，又锻炼了臂力和视力，还训练了战场杀敌的本事，可谓是一箭三雕，或许正因为如此，弓箭直到今天也作为一种运动长盛不衰。

自题小像

鲁迅

灵台无计逃神矢，风雨如磐暗故园。
寄意寒星荃不察，我以我血荐轩辕。

赏析：这首诗声调激越，感情强烈。作者运用顿挫跳跃的笔法，有曲折、有波澜、有起伏地把强烈的爱国主义情感抒发得深刻真切。

【主讲人：刘宝俊 中南民族大学文学与新闻传播学院 教授】

jiàn

# 剑

## 剑为什么是『百兵之君』？

造字故事 ZAOZIGUSHI

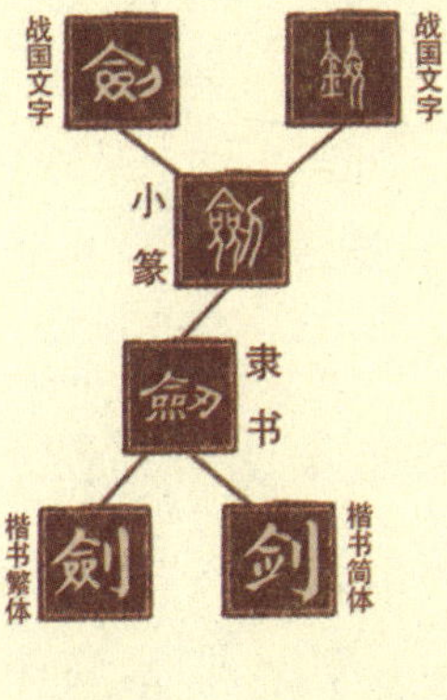


在现有的出土文献中，“剑”字在战国时代才出现，有两种写法：一种写法从刀、佥（qiān）声，一种写法从金、佥声。

在小篆和隶书都写作从刀、佥声。颜真卿的楷书有两种写法，都从刀、佥声，但后一个“剑”中的声符“佥”已经简写为下面三点一横的“佥”，这正是我们今天简化字“剑”的来源。

## 文化故事 WENHUAGUSHI

在中国人眼里，剑是君子之兵，号称“百兵之君”，主要来源于剑的形制：直身双刃。身为君子，就应秉天下之正气，剑正好迎合了这一点。剑直身，代表为人须刚正不阿；而双刃，则时时刻刻提醒着执剑人，处世需时刻谨慎，否则，双刃之剑，就可能伤及自身。总之，剑具有古代君子需要的两大良好品德：正直，克制，同时又锋利无比，代表君子不战则已，战则必胜。

我们在电视剧中看到的很多名剑，其实是真实存在过的。比如倚天剑，虽然是由于金庸的小说而为人所熟知，但实际上是三国时曹操的佩剑。它与曹操另一把削铁如泥的青釭剑并称为绝世双剑。李白还写过“安得

倚天剑，跨海斩长鲸”的句子，来表达他对倚天剑的倾慕。再比如“上斩昏君，下斩佞臣”的尚方宝剑在汉书中就有记载，县令朱云曾请求汉成帝赐予尚方斩马剑来斩杀佞臣。“尚方”是古代制造帝王所用器物的官署，所以尚方宝剑是皇帝御用之剑，象征着权力和地位，持有尚方宝剑的大臣，具有代表皇权先斩后奏的权力。

### 送朱大入秦

唐・孟浩然

游人五陵去，宝剑值千金。
分手脱相赠，平生一片心。

赏析：这是一首送别诗，千金之剑，分手脱赠，大有疏财重义的慷慨之风。

【主讲人：刘宝俊 中南民族大学文学与新闻传播学院 教授】

# 矛

## 丈八蛇矛有多长？

máo

矛

## 造字故事

ZAOZIGUSHI

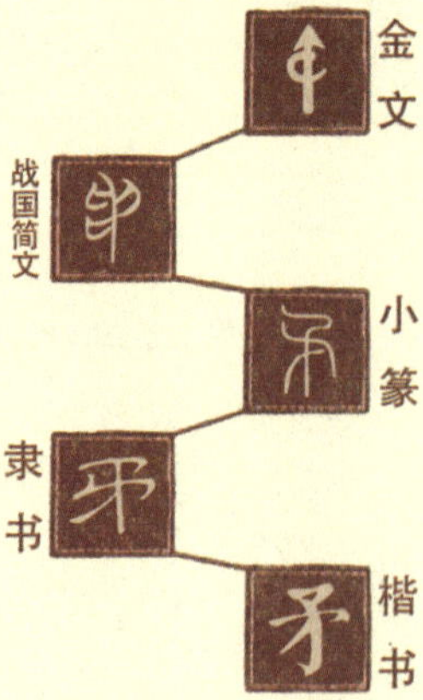


金文的矛，上端像矛头，中间竖着的是矛杆，侧边像耳朵的东西是用来将矛头捆缚在矛杆上的孔，或者像人用手把持的圈。

战国简文已经变得不像矛了。小篆完全变形，更不像了。隶书、楷

书的矛，都来自于小篆的字形。将小篆的笔画进一步规整，就成了今天的字形。

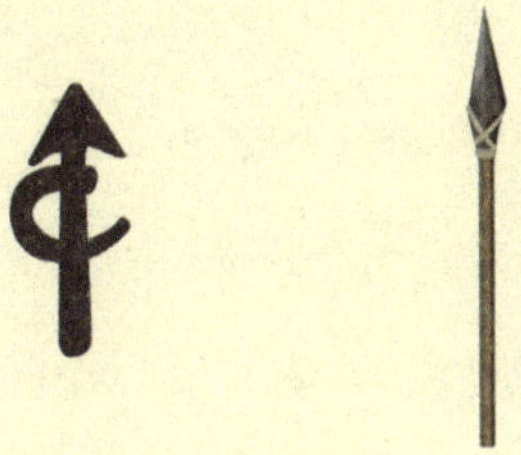

矛 金文

《说文》说：“矛，酋矛也。”酋矛即长矛，是在长柄的一端装有青铜或铁制矛头的兵器，是古代车战的主要武器之一。按古代车战之法，一辆战车通常由三人组成一个战斗单位。车左边的人用弓箭射击远处之敌，右边的人手持长矛攻击近身之敌，中间的一人负责驾驶战车。

### 文化故事 WENHUAGUSHI

说到长矛这种兵器，大家最熟知的大概就是《三国演义》中张飞的丈八蛇矛了！但是这个“丈八”如果理解为一丈八尺，再按今天的尺度去算，就有六米长了，显然是不可能的。

所以，“丈八”的长度应该是一丈八寸，

矛杆长一丈，矛尖长八寸。一丈是十尺，三国时的一尺大致相当于今天的 24.1 厘米，所以一丈八寸折合成今天的长度大约 2.6 米，张飞大概身高 1.9 米。这个长度还是比较合理的。“丈八”是一丈八寸，但为什么又要叫“蛇矛”呢？一般认为是由于它弯曲的矛尖很像蛇吐信的样子。也有一种传说，说当年幽州涿郡的一个大森林里，出现了一条蟒蛇精。张飞得知后孤身一人深入森林为民除害，但是当张飞扛着蟒蛇精的尸体走出森林之后，才发现肩上扛的是一把奇怪的兵器，这便是后来闻名天下的丈八蛇矛。

### 诗经·秦风·无衣（节选）

岂曰无衣？与子同袍。
王于兴师，修我戈矛，与子同仇！

赏析：这是一首战歌，表现了秦地人民团结互助、共御外侮的高昂士气和乐观精神。

【主讲人：刘宝俊 中南民族大学文学与新闻传播学院 教授】

# 战

## 一触即发的『战』争。

zhàn

战

### 造字故事 ZAOZIGUSHI

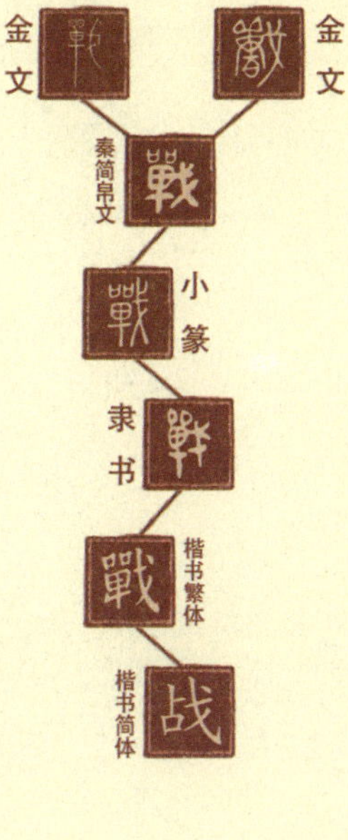


“战”字是一个形声字。它在战国金文中，从戈，單声。秦简牍文字与说文小篆都继承了这种写法，没有太大的变化。金文战字所从的“單”，有时会在下面多加一个“口”，从而演变得像是一个“嘼（兽）”字。隶书与楷书字形中，“战”的字形基本没有大的变化，只是笔画逐渐变得横平竖直。到了简化字里，所从的“單”变为“占”。

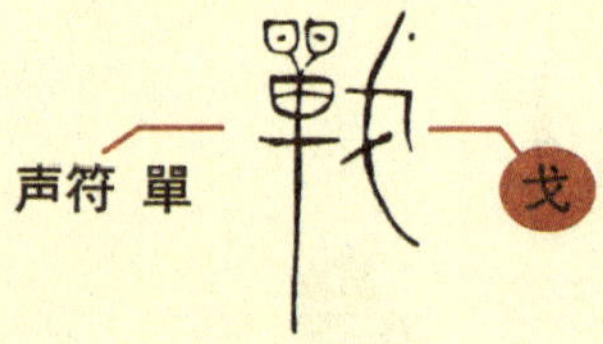


战 金文

“战”字起源非常晚，直到战国金文中才开始出现。但人类的战争史是非常漫长的，可以说，战争几乎贯穿了人类历史。那么，在战字出现之前，古人对于战争又怎么称呼呢？在甲骨文中，描述战争一般用“征”、“伐”等字，而不用“战”字。

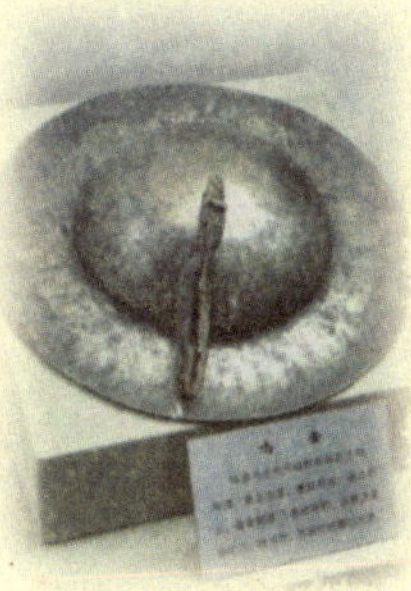

鸣金收兵

从西周到春秋，战车与步兵结合是当时传统的作战方式。每辆战车后配备一百多个步兵跟随，战斗前排列成战斗队形，也就是“军阵”。一方发动进攻，另一方前来迎击，然后打仗的时候先以弓箭互射，驱车靠近后冲破对方军阵，再用戈、矛等进行近距格斗，击败对方结束战斗。战斗时，击鼓前进或进攻；击打钟、铃等金属乐器则表示停止和退却，这就是“鸣金收兵”。

### 凉州词二首（其一）

唐·王翰

葡萄美酒夜光杯，欲饮琵琶马上催。
醉卧沙场君莫笑，古来征战几人回？

赏析：这首诗里的“战”是战争的意思。全诗写艰苦荒凉的边塞的一次盛宴，描摹了征人们开怀痛饮、尽情酣醉的场面，抒发了战士们反战的哀怨，揭露了自有战争以来生还者极少的悲惨事实，表现了一种视死如归的悲壮情绪。

【主讲人：王准 湖北省社科院楚文化所 副研究员】

# 阵

『阵』竟然由『陈』分化而来！

zhèn

阵

造字故事 ZAOZIGUSHI

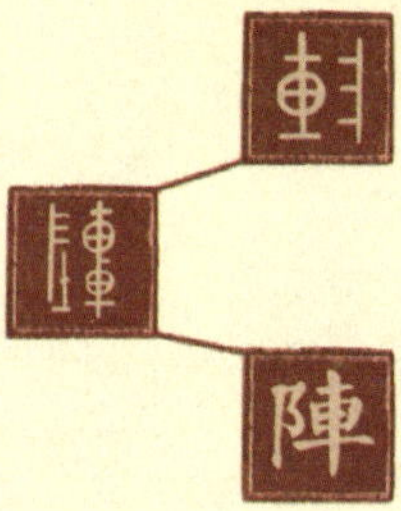


战国文字中“阵”字从阝（fǔ），東（dōng）声，从車的字形只是后期字形讹变的结果。然而“陣”字的写法在东周秦汉时期似乎并不是太流行，连《说文》小篆都没有收录“陣”字。到了唐代“陣”字重新被人们使

用，楷书的“陣”字，字形进一步简化。在简体字中，“東”被简化为车，就是今天我们看到的阵字。

“阵”是一个形声字，出现时间比较晚，是从古代的“陈”字中分化出来的，本意是作战队伍的行列。“陈”字原本从阜，从東，它的意思是陈列，引申出军阵的意思。后来陈字所从的“東”演变为“車”，于是分化出了“陣”字。

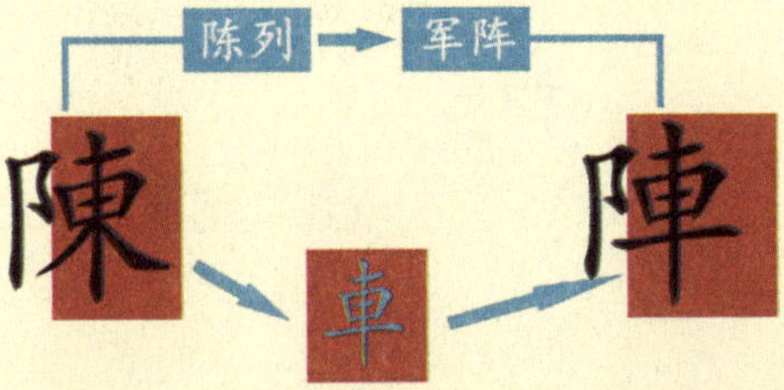


陈 繁体字　　阵 繁体字

## 文化故事
WENHUAGUSHI

《孙膑兵法》里面有《十阵》篇，记载了方阵、圆阵等十种阵法。为什么军队要使用军阵呢？军阵通过对士兵、战车等的有序排列，可以方便指挥，同时可以发挥出更强的战斗力，还可以根据不同形势做出不同的应对。

### 不第后赋菊

唐·黄巢

待到秋来九月八，我花开后百花杀。
冲天香阵透长安，满城尽带黄金甲。

注：这首诗托物言志，运用比喻的手法，赋予菊花以农民起义军的英雄风貌与高洁品格。在这首诗中“香阵”指的是一股浓郁的香气。

【主讲人：王准 湖北省社科院楚文化所 副研究员】

# 伍

wǔ

伍

『五人为一伍』是古代军队的最小编制。

造字故事 ZAOZIGUSHI

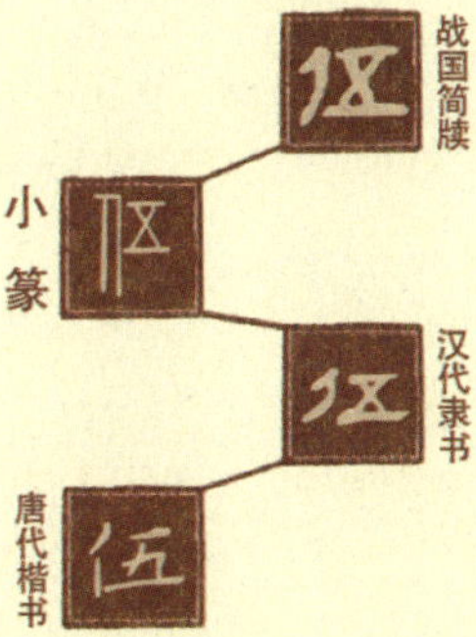


“伍”字是一个会意字。它在秦简牍文字中左边从人，右边从五。古代军队有一个最小的编制单位，是将五个人编为一个小队，称为“伍”，所以伍字的写法就是从人从五。小篆的“伍”字中延续了这一写法，隶书的“伍”

中也没有太大变化。到唐代楷书中，随着所从的“五”字逐渐定型，就变成我们今天看到的“伍”字了。

古代的“伍”字首先是军队的最小编制单位，《周礼·司马》记载：“五人为伍。”通常由五名步兵组成一个伍。著名的战国水陆攻战纹鉴图案上，就有五人一组的步兵互相对战的场景。

战国水陆攻战纹鉴图案

为什么步兵的编制一定要是五个人呢？据古兵书《司马法》记载，古代步兵经常使用的兵器主要有弓箭、殳(shū)、矛、戈、戟五种。步兵五种兵器构成一个完整的战斗整体，长短并用，可以互相掩护。手持五种不同兵器的步兵一定要按照次序排列在一起，这就是为何一定要“五人为伍”的原因。

### 杭州春望

唐·白居易

望海楼明照曙霞，护江堤白踏晴沙。
涛声夜入伍员庙，柳色春藏苏小家。
红袖织绫夸柿蒂，青旗沽酒趁梨花。
谁开湖寺西南路，草绿裙腰一道斜。

赏析：这首诗描绘了一幅杭州春景图，反映了杭州春意盎然的自然美景和闲适优雅的市井生活，表现了作者对此地景色风物的欣赏、赞美之情，以及在此任职的自得之情。

【主讲人：王准 湖北省社科院楚文化所 副研究员】

# 将

jiàng

将

将领的『将』，为什么会有统帅、率领的含义？

造字故事 ZAOZIGUSHI

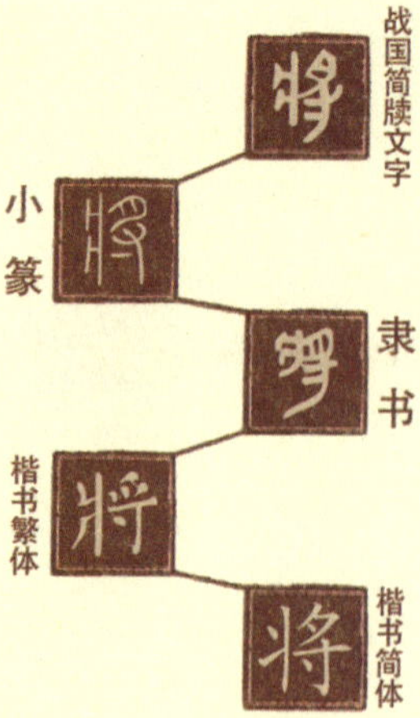


“将”是一个形声兼会意字。在秦代简牍文字中，“将”字的左边是声旁“爿”，它是“床”的古字，像卧床竖立起来的样子。右边上半部分是“肉”的象形，右下是“手”的象形。整个字表示坐在床上用手拿取

肉的意思，所以“将”字的本义是持、取。小篆字体的“将”字右下方的“手”演变成为“寸”。隶书中字形变化不大。楷书里“将”字的笔画更加规整，已经非常接近现在我们看到的样子了。

现在我们见到将字，最常见的意思有三个，第一个是作名词，念 jiàng，表示将领、将帅；第二个是作动词，念 jiàng，表示统帅、率领；第三个是作副词，念 jiāng，表示将要、快要。

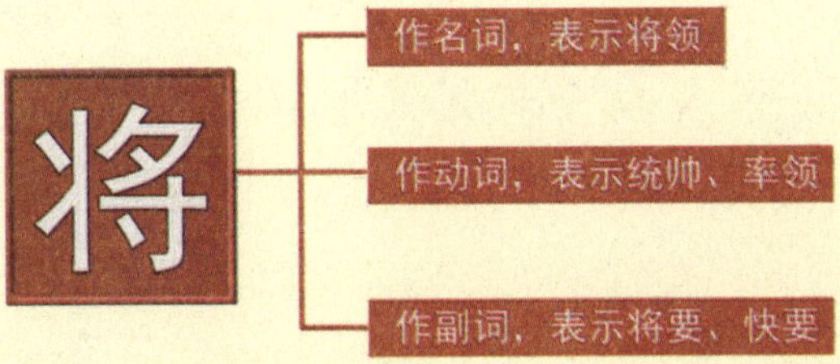

## 文化故事
WENHUAGUSHI

战国时代文武分化的趋势已经非常明显，朝堂之上文官的首领一般称相国，武官的首领称大将军，两者合称“将相”，也用来泛指文官与武将。这两拨人马的关系也很大程度影响到国家稳定。著名的典故“将相和”，就是武将廉颇与文臣蔺相如之间发生的故事。

### 从军行（其一）

唐·李白

百战沙场碎铁衣，城南已合数重围。
突营射杀呼延将，独领残兵千骑归。

赏析：诗人直述战事的进展，并且将读者带入一个险象环生的局势，感受紧迫的战争态势。此诗以短短四句，刻画出一位无比英勇的将军形象。在这首诗中“呼延将”是一位姓“呼延”的将领。

【主讲人：王准 湖北省社科院楚文化所 副研究员】

# 伐

直面古代战场的血腥与残酷——『伐』。

fá

伐

## 造字故事

ZAOZIGUSHI

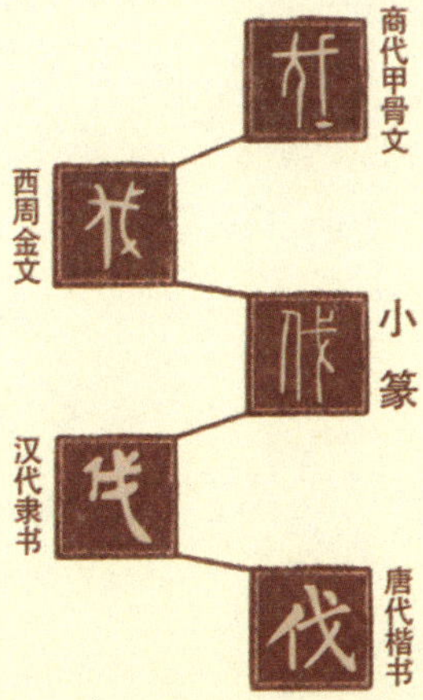


“伐”字是一个会意字。甲骨文中“伐”的左边是一个“人”的象形，右边就是兵器“戈”的象形，戈架在人的脖子上，意思是割掉人的首级。金文中的“伐”仍然保留了这种会意的字形。此后战国简牍文字与小篆的字形基本保持了“从人，从戈”的字形，只是左右结构已经分开，戈的刃不再架在人的脖子上了。隶书、楷书的“伐”字笔画越来越工整。

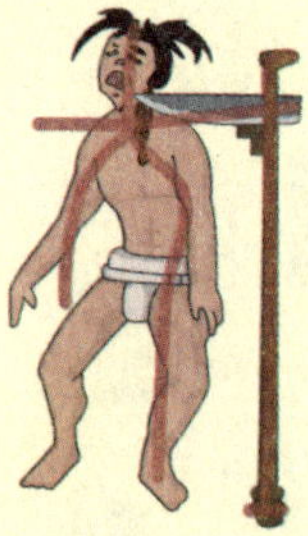

因为“伐”字把人的首级一分为二的这种砍斫动作非常形象，后来也引申泛指把其他物品砍成两段，表示砍杀、砍斫。

《左传·庄公二十九年》记载“凡师有钟鼓曰伐，无曰侵”，意思是在出师时敲鼓击钟才可以称为“伐”。钟鼓是为了扩大自己的声势，同时声讨敌方的罪恶。最重要的是，这是一种堂堂正正的作战方式。春秋中期以前的战争，与我们今天所想象的有很多不同。比如说，晋楚邲之战中，晋国的兵车当时陷在泥泞中不能动，楚国士兵并没有趁人之危，反而教晋人怎么把马车推出来。当时的参与战争的贵族们，既有战场厮杀的残酷一面，同时也保存着许多尊崇礼仪的温和一面。

### 严郑公宅同咏竹

唐·杜甫

绿竹半含箨，新梢才出墙。
色侵书帙晚，阴过酒樽凉。
雨洗娟娟净，风吹细细香。
但令无剪伐，会见拂云长。

赏析：本诗是一首应答之作，自然少不了对主人的一番赞颂，在这首诗中，作者杜甫以竹盛赞了严郑公高洁的情操。在这首诗中“剪伐”是修剪的意思。

【主讲人：王准 湖北省社科院楚文化所 副研究员】

# 史

一个在王的身边，记录历史的人。

shǐ

## 造字故事

ZAOZIGUSHI

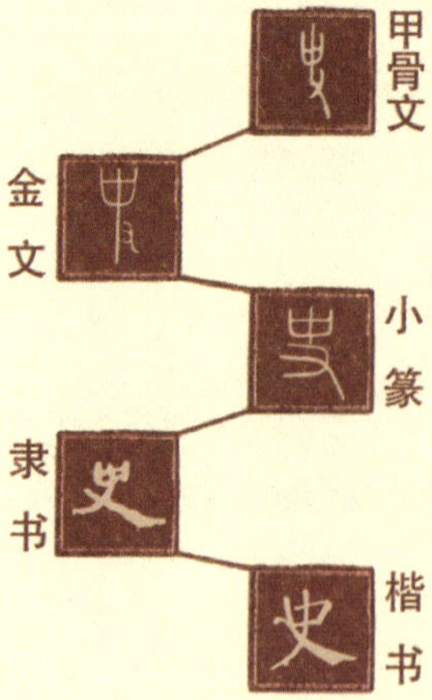


甲骨文的“史”字，上部是一个文件袋的象形，下部是一只手，最初的含义是表示史官，后来引申为“历史”。金文的字形与甲骨文相似。小篆承袭金文字形，上部写为“中”。隶书字形的笔画进一步线条化，将“中”

的一竖，与下部的“手”，连写为两笔，逐渐演变成今天的“史”字。

在《说文解字》中“史”的注解为：“史，记事者也。从又持中。”那么在古代“史”究竟是指什么呢？是指记录事情的人。《说文》讲“史”的字形：“从又持中”，什么意思？在古代汉语中“又”就是右手，即右手拿着一个“中”。

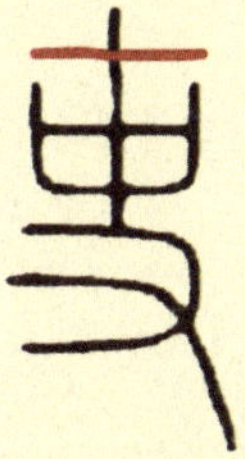

史 小篆

我们都知道“中”就是中间、中心的意思，但是在古代“中”还有其它的含义，比如说史官手里拿的文件袋。《史记》里面说，古代王出门要带两个人，左边一个右边一个，即左史和右史，左史记言，右史记事。史官把这些东西写到了竹简、木片或者是布上，然后放到哪里呢？就放到手里持的这个“中”里面。

文化故事 WENHUAGUSHI

古代“史、吏、事”这三个字原本是一个字，都是“史”字。经过后世的发展，才逐渐分化为史、吏、事，“史”主要指历史，“吏”主要指替王治理（事）的官员，“事”就是官员（吏）所做的事情。

但是古人的“事”跟我们今天说的不一样，不是小事，都是大事。将它们记载下来的“史”就是大事记。国家的事情、政府的事情、王的事情才能叫做事。所以我们今天外交事务还叫做“外事”。当然今天我们把这个“事”的含义扩展了，每个个体所做的我们都叫“做事”，我们还把做的内容叫做“事情”。

咏史·济济京城内（节选）

晋·左思

济济京城内，赫赫王侯居。
冠盖荫四术，朱轮竟长衢。
朝集金张馆，暮宿许史庐。
南邻击钟磬，北里吹笙竽。

注：诗歌名为咏史，实为咏怀，借古人古事来浇诗人心中之块垒，表达了诗人无法施展抱负的伤感。诗中的“许史”是指汉宣帝时外戚许伯和史高的并称。

【主讲人：万献初 武汉大学文学院 教授】

# 仁

古人处理人际关系的最高境界——『仁』。

rén

仁

## 造字故事

ZAOZIGUSHI

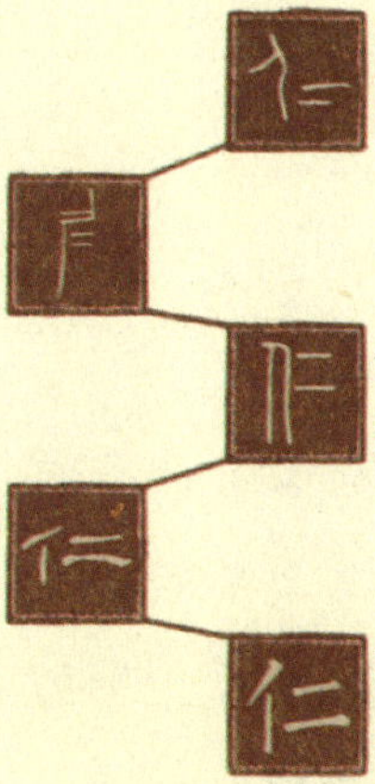


“仁”是一个会意字，甲骨文中的“仁”左边是一个人形，右边是数字二，左右两边合并，表示人与人之间的关系和谐。金文与小篆的字形与甲骨文相近。在《说文解字》中还收录了上部是“千”，下部是“心”的

"仁"字古文，用以表示千人一心、众生和谐的意义，此后"仁"字的形体没有太大变化。

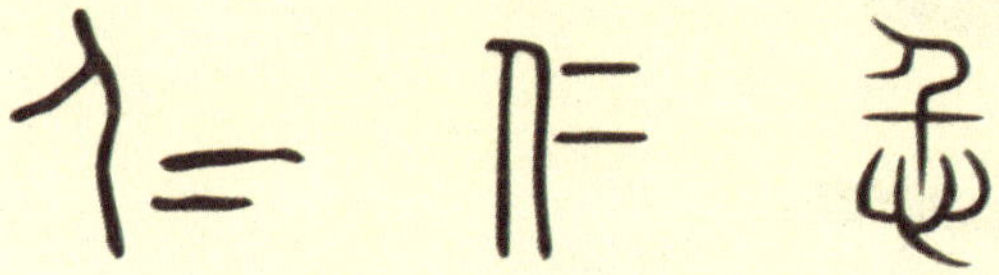

仁 甲骨文　　仁 金文　　出处：《说文解字》

我们在与他人交往的过程中，只有你诚心付出才有诚心所得。许慎在《说文解字》里对于"仁"字的注解是"仁，亲也。从人，从二"，那么"仁"是什么意思？古人认为，所谓的"仁"就是要把别人当做你的亲人来对待，这也是人与人之间的最高境界。两个人之间的和谐叫做仁，两个人的关系如果处理好了，就会使社会上所有的人都是一个心，也就是"仁"，也就是《说文》所收的古文"忎"。这个"仁"的异体字也反映出古人在处理人际关系中的朴素愿景，即二人关系处理好了，就变成了千人一心。

## 文化故事 WENHUAGUSHI

在古代人们又是如何看待各种人际关系呢？第一是君臣关系，君臣关系就是上下级关系，任何人做事情都会面临上下级问题，上下级的关系必须要处理好，在每天的日常工作中，上下级的关系如果处理得不

好就会不便开展工作。这是第一个关系。第二个关系是父子关系，我们小的时候是生活在家里的，在家里是先有父子的关系，当然这个父子包括母子，母子关系、父子关系合起来称作父子关系，其实就是我们说的长辈与晚辈的关系。第三个是男女关系，第四个是兄弟关系。把兄弟关系推广到社会就变成了朋友关系，我们在社会里看到的人都应该是朋友关系。如果五种关系都处理好了，那么整个社会才会成“仁”，从二人关系和睦，成就千人一心，最终目标才能是和谐社会。

### 赋萧瑀

唐·李世民

疾风知劲草，板荡识诚臣。
勇夫安识义，智者必怀仁。

赏析：诗中的“仁”是指仁爱之心，表达了作者对人世间美好品质的赞美，以及对臣子忠诚品质的渴望。

【主讲人：万献初 武汉大学文学院 教授】

# 义

一个重情重义的人必定表里如一。

## 造字故事

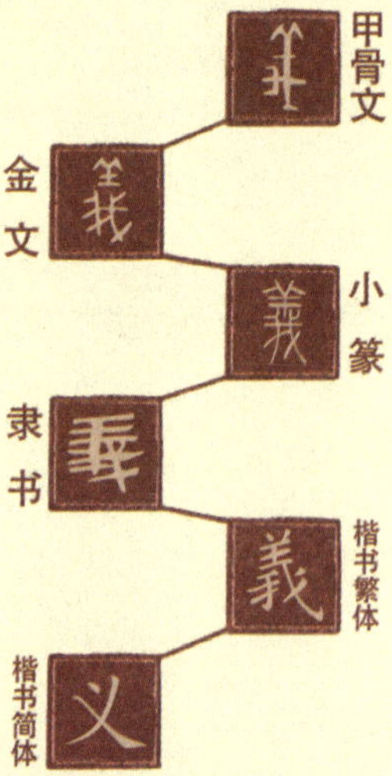


我们现在看到的“义”是简化之后的汉字，繁体作“義”。甲骨文的“義”上部是一个羊头的象形，下部是一个钉耙一样的武器“我”，两个部分结合起来就是一个“義”字，以武士头戴羊角、手持兵器列队来表

示仪式和礼节的意思。金文的字形与甲骨文相似。小篆的字形进一步线条化。后来義的含义逐渐演变成正义、道义，于是人们另造了单人旁来表示仪式的“儀”。由于繁体的“義”的字形较为复杂，后来人们将它简化成了“义”。

这个义是什么意思？它是一种思想，就是人和人之间要重义。这就要说到“义”字的源头，即仪式的意思。这个仪式一定是很庄重的，一定是要传递庄严、肃穆的氛围，要说话算数，给人一种威严的感觉，所以“义”字引申表示人和人交往的时候，要互相之间以诚相见，言而有信，说到做到。

## 文化故事 WENHUAGUSHI

上古的时候，“仁义礼智信”的那个“义”，就是指讲义气的人一定要说到做到。内心和外在是一样的，这个才真正的重义。古人特别重视《大学》《中庸》，强调君子重义而不是重利。真正的君子所表现出来的义是和内心一样的，这才能叫做“正义”。正所谓：“生，亦我所欲也；义，亦我所欲也，二者不可得兼，舍生而取义者也。”生命可以不要，但是正义不可以丢失。

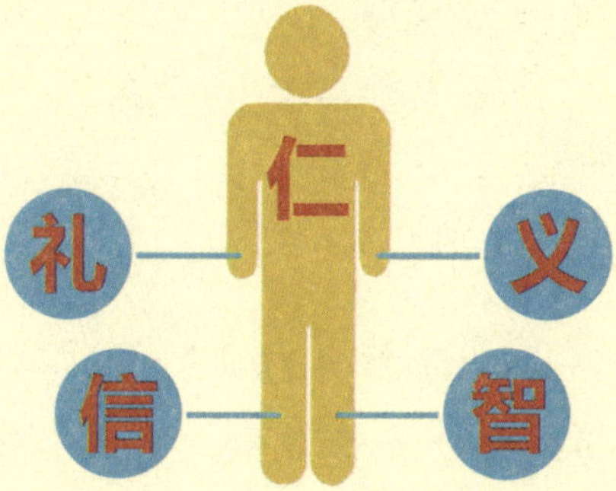


**忆旧游寄谯郡元参军（节选）**

唐·李白

五月相呼度太行，摧轮不道羊肠苦。

行来北凉岁月深，感君贵义轻黄金。

赏析：此诗详细叙述了诗人与好友元参军的交往，表达了对好友的赞美和思念。诗中的“义”所指的是两人之间深厚的情义。

【主讲人：万献初 武汉大学文学院 教授】

# 礼

无礼不成国

lǐ

礼

## 造字故事

ZAOZIGUSHI

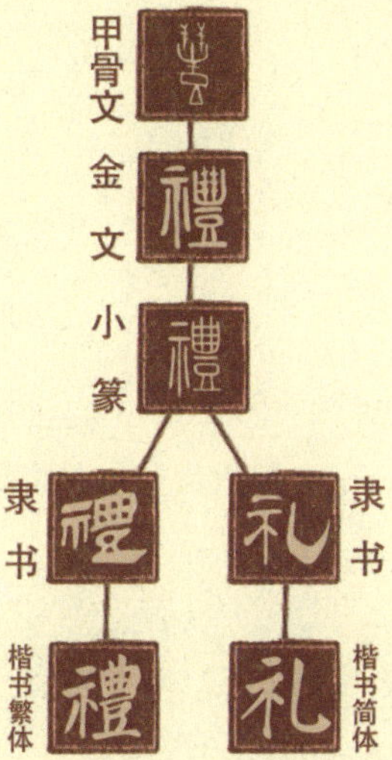


甲骨文中的“礼”上部像两串打着绳结的玉串，下部是古代用以盛放食物或者祭祀用品的“豆”，两部分合起来表示祭奉神灵的仪式。金文的形体在左边加上表示祭祀牌位的“礻”字旁，强调祭拜的含义。“礼”

的小篆字形与隶书字形承袭金文字形。到了汉代产生了俗体字“礼”，并且与原来的“禮”字通用。今天我们常见的简化字则是沿用了汉代俗体字的写法。

禮 礼

礼 繁体楷书　　礼 简体楷书

“禮”字左边所表示的是祭祀含义的“礻”，字形的右下边是“豆”。古代的豆是一种用于祭祀仪式的盛具，与我们现在吃的豆子完全是两回事。古代的“豆”是一个高脚的碗。

孔子在《论语·颜渊》中提出：“克己复礼为仁。”如果说“仁”是一种仁义、仁和的品德，那么“礼”则是这种品德的表现，是一个人应该遵循的制度。简单地说，按照规则、规矩办事才能处理好人和人之间的关系，而这些规则、规矩就是“礼”的体现。有了礼，才有秩序、体统，才有家、国与天下。

### 陪裴使君登岳阳楼

唐·杜甫

湖阔兼云雾，楼孤属晚晴。
礼加徐孺子，诗接谢宣城。
雪岸丛梅发，春泥百草生。
敢违渔父问，从此更南征。

赏析：诗人以徐稚自比，更将裴使君比作陈蕃，表达了诗人对裴使君礼贤下士的赞美之情。诗中的“礼”是彬彬有礼的意思。

【主讲人：万献初 武汉大学文学院 教授】

# 智

知道吗？反应力决定你的智商！

zhì

智

## 造字故事

ZAOZIGUSHI

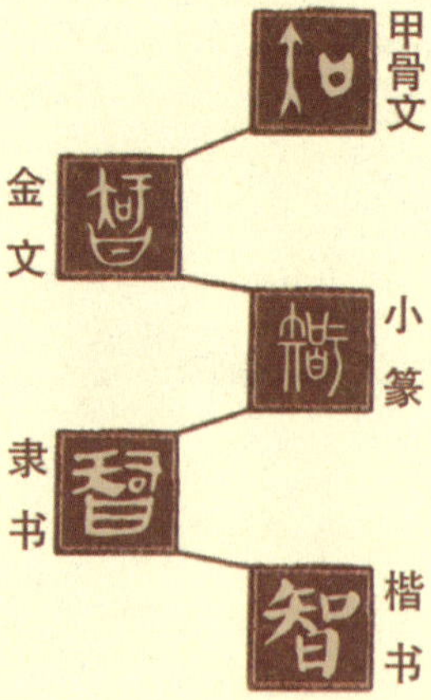


最初的时候，“知”是“智”的本字。甲骨文中的“知”左边是一支箭，右边是“口”，表示人的话说出来后，被很快理解，就像箭射过来一样，以此表达知识和智慧的含义。还有形体写作一个“口”、一个“矢”、

一个“亏（于）”，后来人们为了区分，在“知”字基础上，加上“日”来表示智慧的“智”。小篆的形体进一步线条化，变成了左中右结构。隶书的形体省略掉了“亏”，保留了“日”，变成了上下结构，就成了今天的“智”字。

智慧的“智”和知识的“知”在最初的时候其实是一个字。徐锴在《说文系传》中注解到：“知理之速，如矢之疾也。”意思是说，一个人的反应极快谓之“知”，就好像一支箭刚一射出来，这个人马上就反应过来了。孔子在《论语·为政》中又说：“知之为知之，不知为不知，是知也。”意思是说，懂了就是懂了，不懂就是不懂。不懂装懂那就是傻瓜。知道就是知道，不知道就是不知道，这是智者的表现。真正有知识的人一定不会不懂装懂。

### 文化故事 WENHUAGUSHI

《论语·子罕》有云：“子曰：知者不惑，仁者不忧，勇者不惧。”在孔子的教化系统里始终将“智”排在第一位，紧接其后的是“仁”和“勇”，其中的“仁”是与人相处融洽，“勇”则是要有勇气、能坚持，前面那个“智”是智者、智慧多。所以孔子认为：

智者是不惑的，聪明的人是不会被人家的流言蜚语或片面的东西遮蔽，或者说受骗的。所以一个成就大事业的人一定要有大智慧。

| 智 | 仁 | 勇 |
| --- | --- | --- |
| 智者<br>智慧多 | 和人<br>搞好关系 | 有勇气<br>能坚持 |

### 智贤上人

宋·释祖钦

智者必贤，正者不偏。
平坦性地，朗我心天。
折旋俯仰，诸佛现前。
一光同照，万象枞然。

赏析：诗歌语言精练，直抒胸臆，体现了作者的睿智与豁达。诗中的“智者”指的是心中有大智慧的聪明人。

【主讲人：万献初 武汉大学文学院 教授】

xìn

信

# 信

我们的祖先为什么要提倡诚信？

造字故事 ZAOZIGUSHI

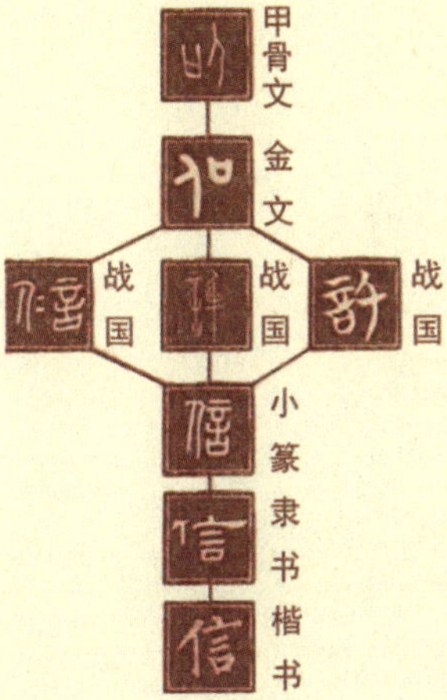


甲骨文的“信”是一个会意字，左边是个口，右边是个人。我们说做人要讲诚信，但是怎么判断这个人诚不诚信呢？首先肯定是通过他嘴里讲出来的话，他讲的话是真的，那这个人就是可信的。如果他满嘴跑火车，那么这个人就不可信。所以你看，古人直接就用一个“口”和一个“人”来表示信。“信”的本义就是言语的真实。西周金文沿袭了甲骨文的写法，只不过人换到了左边，口在右边。

信 甲骨文

信 甲骨文

到了春秋战国，天下分崩离析，文字也产生了很多分支，“信”在各个诸侯国中各有各的写法，但它们有一个共同点就是，之前的“口”大多数变成了可以直接表示言语的“言”字；而“人”呢，有的变成了“身”，有的变成了“仁”，还有的变成了“千”。写法这么多，为什么都从言呢？因为人、身、仁、千这些部件不是长得像就是读音像，都可以通用，但只有言才能直接强调言语的真实。

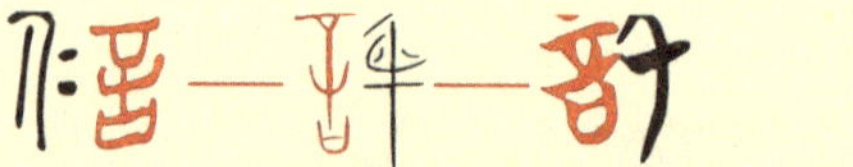

信 战国文字1 信 战国文字2 信 战国文字3

在秦以后，以秦文字为基础，全国的文字统一，“信”于是成了从人从言的写法。到了汉隶，“信”的写法跟我们现在的“信”已经很相似了。

我们的祖先为什么要提倡诚信呢？最开始其实是源于对鬼神的敬畏。祭祀鬼神的时候，是绝对不能说假话的，否则触怒了鬼神，降下灾祸怎么办？只有说真话，取信于神，才能受到神灵的庇护。

### 春晚（其二）

宋·王令

三月残花落更开，
小檐日日燕飞来。
子规夜半犹啼血，
不信东风唤不回。

赏析：诗人用“子规夜半犹啼血”来表达自己执着追求美好未来的坚定信念和乐观精神。

【主讲人：王佳 湖北大学文学院 讲师】

# 人

做一个顶天立地的『大人』。

rén

## 造字故事

ZAOZIGUSHI

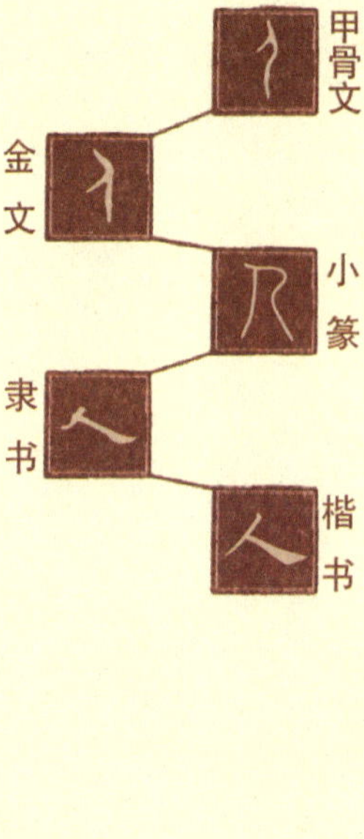


甲骨文中的“人”字描绘了一个侧身而立的人的象形，并且突出了人谦恭有礼的特征。“大”字也是参照人的形象创造的，它是一个人正面站立、双腿张开的模样。以“大”字为基础，在字体上部，加上表示成年

男子发簪的一横，表示男子成年，就成了“夫”字。在“大”字最顶上一横，表示一个人头顶上的所有区域，就成了“天”字。

人 甲骨文　大 甲骨文　夫 甲骨文　天 甲骨文

古人为什么要用一个人侧身而立的样子来象形“人”这个汉字呢？东汉时期的“字圣”许慎认为，“人”字是“象臂胫之形”。什么意思呢？就是说这个字一撇一捺，那一撇就是人侧身而立下垂的手。那一捺是人的头背和腿。所以叫“臂胫”，臂就是手臂，胫就是腿。这个字形我们一看就知道，是人与人见面之后有礼貌的样子。

## 文化故事 WENHUAGUSHI

关于人还有一个很重要的字，就是大，我们要做“大人”。那么人到了什么年纪才能算是一个大人呢？在古代，女孩子到了15岁，头发就得往上扎，扎了以后叫“及笄”。“笄”字上面有个竹字头，意思就是用竹棍子给她做发夹。这个时候的女孩就可以出嫁而成为大人了。

男孩什么时候才能成为大人呢？一般认为是 20 岁左右。这个时候要行冠礼，把垂下的头发全部束到头顶上扎成一个发髻，再用一个竹棍子（簪子）将头发固定。

古代男孩子行了冠礼，插上了簪子，就表示这个男孩已经是大人了，在家要为家庭负责，在国要为国家做贡献。“人”“大”等这些汉字都是以“人”为本的汉字，可见我们智慧的先人在很早的时候就已经认识到人应该负的责任、人应该尽的义务。

## 春江花月夜（节选）

唐·张若虚

江天一色无纤尘，皎皎空中孤月轮。
江畔何人初见月？江月何年初照人？
人生代代无穷已，江月年年只相似。
不知江月待何人，但见长江送流水。
白云一片去悠悠，青枫浦上不胜愁。

赏析：这首诗借春江花月夜的描绘，讴歌了人间纯洁的情感，以及诗人对于人生哲理的追求。诗中的“人”指的是诗人眼中的“凡人”。

【主讲人：万献初 武汉大学文学院 教授】

mèng

# 梦

## 梦

梦加上了想，就有了实现的可能。

造字故事 ZAOZIGUSHI

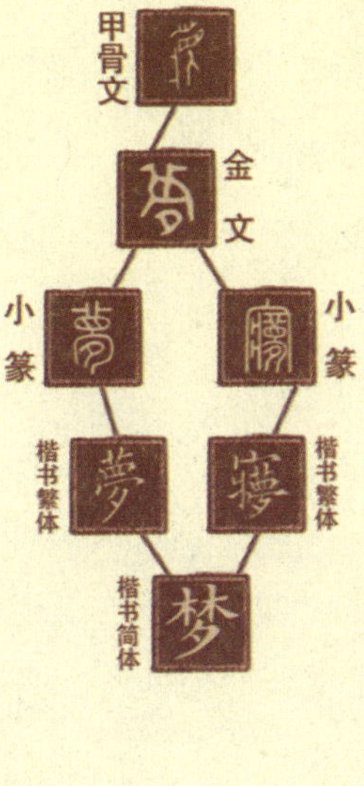


小篆的梦字作“㝱”，上面是一个房子（宀），房子里面左边是一张床，右边是躺在床上的人，人眼睛上面的草字头就是脑子里生出的各种各样的想法。人和床之间还夹着一个夕字，表示晚上。这个字是什么意思？就是人在家睡觉了以后在做梦，梦里有所言，有所想。

但是这个“寢”字笔画太多，于是古人就借原本表示“不明”的“夢”来表示梦，后来“夢”的上面又简化成“林”，就成了我们现在见到的“梦”。

梦 小篆

我们常说“日有所思，夜有所梦”，梦境往往能反映一个人的想法。那什么叫做想呢？想字上面是相，下面是心。“相”左边是木，右边是目，意思就是仔细看树。一个木匠拿了一个木棍在手上，他要反反复复看，判断这是什么样的木质，什么样的形状，适合做家具里面的哪一部分，对于木匠来说这是非常重要的。要反反复复看，细细地研究它的功用。这个叫做“相”。“想”就像木匠看木头那样，指的是反反复复地去端详、去思考一件事情、一个目标或者是一个对象。

梦是有些虚幻的，如果这个字单独使用，表意很美好，但有可能不切实际。而“想”强调了人的主观能动性，让“梦”有了合理性。“梦想”就是在梦里去想的一个目标。它是一个打算，或者是一个很优美的愿景，是梦幻一样的期望，这个期望，你只要坚持努力，说不定哪一天你就能实现它。

### 十一月四日风雨大作

宋·陆游

僵卧孤村不自哀，尚思为国戍轮台。
夜阑卧听风吹雨，铁马冰河入梦来。

赏析：此诗是作者退居家乡时所作。诗人空怀壮志，却不为朝廷所重，只能“僵卧孤村”，感情深沉悲壮，凝聚了诗人的爱国主义激情。

【主讲人：万献初 武汉大学文学院 教授】

# 命

『命』『令』本来是一个字？

mìng

## 造字故事 ZAOZIGUSHI

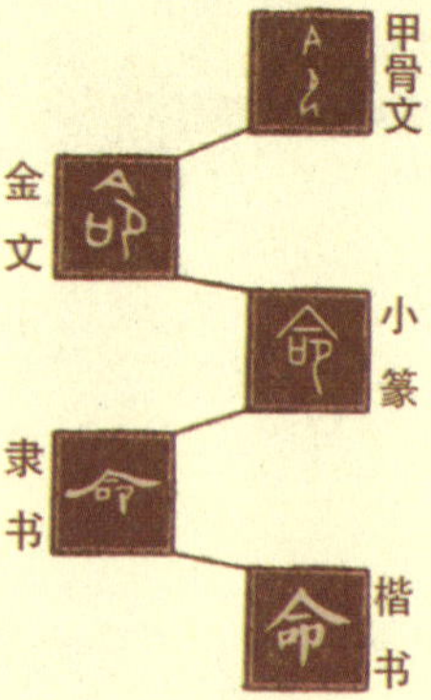


甲骨文的“命”与命令的“令”本是同一个字，上部是一个正在讲话的嘴巴，下部是一个跪坐的人，表示对人下达命令。而“命”的本义就是上天的命令。金文的形体为了区别两个字的写法，在字形中又加入了一个

“口”。小篆、隶书进一步线条化，逐渐演变为今天简化字的“命”。

“命”字跟“令”字只有一个区别，就是“命”字比“令”字底下左边多一个口，这两个字本来是一个字。

《说文解字》说：“令，发号也。”令上面一撇一捺一点，实际上是一个倒着的口；下面那个横折点是一个跪着的人。上面一张嘴巴，向底下一个跪着的人，严厉地说话，这就叫做“下令”。

“令”上古的时候声母应该是念 m-l 的，后来就变了，这个 m 声母就变成了“命”，这个 l 声母就变成了“令”。光在音上区别还不行，还得在形上区别，于是在底下加一个口，就变成了“命”了。所以“命”是“令”的一个分化，令是动作，命就是令的结果。

那么这个“命”开始用来表示什么呢？《中庸》里说：“天命之谓性。”意思是上天赋予人的禀赋叫作人性，这里的“命”是赋予的意思。上天赋予你一种与众不同的品质和才华，比如有的人擅长数学，就适合从事与数学有关的职业；有的人反应很快，操作精准，就适合当外科医生。每个人在一生中，都会找到自己独特的才华，找到自己的天赋或者擅长做的事情，就像找到了自己的命运一样。

除夜

宋 · 文天祥

乾坤空落落，岁月去堂堂。
末路惊风雨，穷边饱雪霜。
命随年欲尽，身与世俱忘。
无复屠苏梦，挑灯夜未央。

赏析：此诗写于文天祥生前最后一个除夕之夜，表现了作者独守囚牢，孤寂寥落的心情。

【主讲人：万献初 武汉大学文学院 教授】

# 忠

忠的本义是敬业？

zhōng

忠

---

造字故事 ZAOZIGUSHI

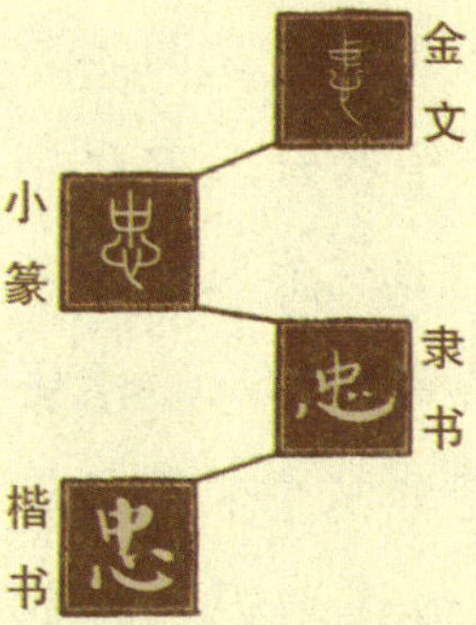


小篆的“忠”上部是中间的“中”，下部是一个“心”。

《说文解字》中说：“忠，敬也。”敬什么？敬业。这个忠字不是底下一个“心”，上面一个“中”吗？一个人要做一件事，就应该聚精会神把心放在这件事情中间，而不要放到别的地方去。所以“忠”的本义就是敬业、忠于职守。隶书的形体将下部的心字进一步符号化，就成了简化字的“忠”。

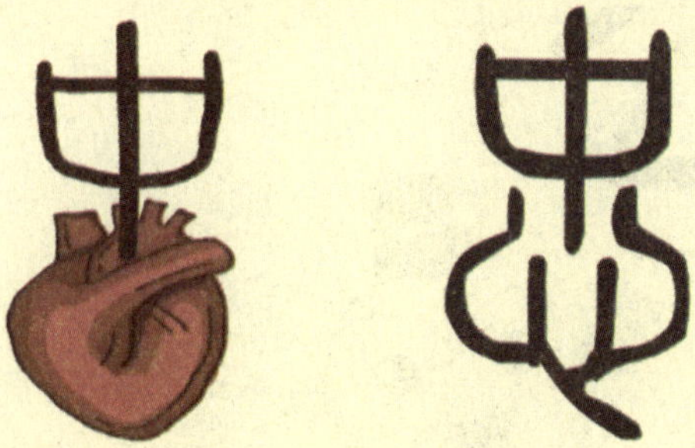

忠 小篆



孔子最有学问的弟子曾子说：“吾日三省吾身：为人谋而不忠乎？与朋友交而不信乎？传不习乎？”意思是一个人每天要反省自己三次，首先要反省的就是“为人谋而不忠乎”。“为人谋”的意思是被别人邀请去谋划，这时，我们应该先想到从中获利，还是先全心全意地为别人做好谋划呢？按照我们中国的道德理想，为别人谋事，一定要先把心思放在这件事上。所以“忠”的意思不是首先要忠于邀请你的人，而是要将心放在谋划、考虑的这件事上，这就是“忠于职守”的表现。

### 代出自蓟北门行（节选）

南朝宋·鲍照

箫鼓流汉思，旌甲被胡霜。
疾风冲塞起，沙砾自飘扬。
马毛缩如猬，角弓不可张。
时危见臣节，世乱识忠良。

赏析：此诗通过边疆紧急战事和边境恶劣环境的渲染，突出表现了战士从军卫国、英勇赴难的壮志和激情，是南北朝时期罕见的接触边塞生活的名篇。

【主讲人：万献初 武汉大学文学院 教授】

# 勇

什么是勇气？

yǒng

勇

## 造字故事

ZAOZIGUSHI

小篆的“勈”左边是一个“甬”，就是“钟”的象形，右边是一个“力”，敲钟时声音从钟里涌出来，形容勇敢的状态。隶书的形体将字形写成了上下结构，已经与简化字的形体相近。

勇字由“甬”和“力”

构成。“力”字本来像一种农具，耕田需要力气，所以表示力量。

勇 小篆

《说文解字》说：“勇，气也。从力，甬声。”为什么《说文》说勇就是气呢？中医认为，人内心是有气的。气之所至，力亦至也。意思是说人把气提到哪里，哪个地方就有力，比如把气运到丹田就会觉得浑身都有力，把气运到手上拳头就有力。所以这个“勇”字底下是一个力。

人在什么时候需要勇气？战斗的时候需要更多的勇气。所以“勇”的异体字“甬戈”把力换成了“戈”，“戈”就是武器。勇气从哪里产生？从心里产生。所以古文中还有写作“恿”的。

那么“甬”是什么呢？“甬”的古文字形像一个大钟，我们看庙里钟鼓楼里，钟一敲的时候，那个声音从钟里涌出来，所以甬字加三点水就是涌水的“涌”。勇是一种气，气到则力量到，这个力量发出来时会像钟里面喷出来的声音一样雄浑有力。所以“勇”一定是向外发的一种不可挡的力量。

文化故事 WENHUAGUSHI

“猛”不等于“勇”，这两个字是有区别的。“猛”左边是“犬”，右边是个“孟”，孟是老大的意思，所以“猛”就是指最大的狗，它冲锋的时候肯定在前面。猎狗碰见猎物的时候会处于一种很狂的状态，那个时候它是不太计较别的结果的，所以“猛”往往含有鲁莽的意思，但“勇”没有。古人很早就意识到只有力量是不行的，还要有智慧和谋略，知道什么时候能做，什么时候不能做，什么时候能冲，什么时候不能冲，好而不是见了什么都往上冲。这才是真正的“勇者”。

塞下曲（其四）

唐·李白

烽火动沙漠，连照甘泉云。
汉皇按剑起，还召李将军。
兵气天上合，鼓声陇底闻。
横行负勇气，一战净妖氛。

赏析：诗歌以乐观高亢的基调和雄浑壮美的意境，反映了盛唐的精神风貌，描绘了守边将士在沙场上征战的艰苦生活，歌颂了他们忠心报国的英勇精神，表现了诗人高尚的爱国情操。

【主讲人：万献初 武汉大学文学院 教授】

# 愚

yú

愚

聪明到了『愚』的程度，才是最高的智慧。

## 造字故事

ZAOZIGUSHI

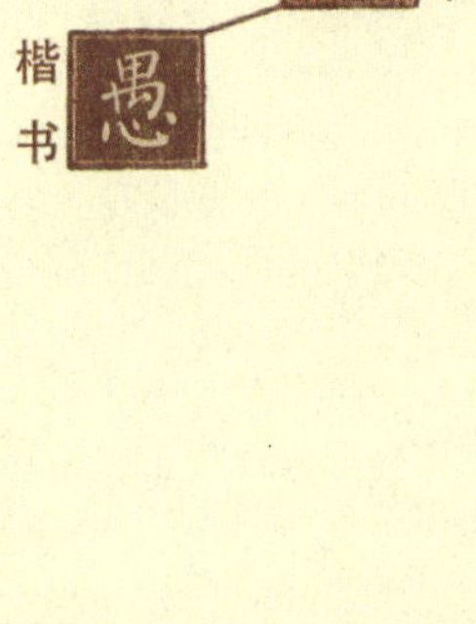


金文的“愚”是一个形声字，下面是“心”，表示跟心理活动相关，上面的“禺”表示读音。

《说文解字》解释说：“愚，戆也。从心，从禺。禺，猴属，兽之愚者。”戆就是迂愚而刚直的意思。这句话是说“愚”是一个会意字，由“心”和“禺”组成。禺是一种猴子，是兽类中最愚蠢的。很显然，我们生活中的猴子并不愚蠢，甚至可以说是很聪明的一种动物，所以这个解释是有问题的。愚当中的“禺”只是提示声音的，跟意义没有关系，愚的本义是是非不分，不明事理。“愚昧”，就是愚蠢不明事理；“愚钝”就是愚蠢迟钝。

愚 金文

小篆的愚继承了金文的写法，把下面的“心”字更加具体化。隶书将愚字下面的“心”进一步线条化和符号化，更加接近我们现在的简体字写法。

“大智若愚”“盛德若愚”是中国古人推崇的一种处世之道。真正的聪明人，并不会事事拔尖要强、显得八面玲珑，而是从不炫耀自己，表面上看起来好像愚笨，心里却有大智慧。因为这种文化背景，“愚”在汉语中出现了与本义感情色彩不同的意义，具有一定的褒义成分，例如中国神话传说中的人物——愚公，他是“愚公移山”故事的主人公。我们经常会用愚公来比喻做事有顽强毅力、不怕困难的人，而没有贬低的意思。

### 清明

宋 · 黄庭坚

佳节清明桃李笑，野田荒冢只生愁。
雷惊天地龙蛇蛰，雨足郊原草木柔。
人乞祭余骄妾妇，士甘焚死不公侯。
贤愚千载知谁是，满眼蓬蒿共一丘。

赏析：这是诗人触景生情之作，通篇运用对比手法，抒发了人生无常的慨叹。

【主讲人：王洪涌 华中师范大学文学院 副教授】

# 老

lǎo

老

让父母『老』有所依才是尽『孝』心的最佳方式。

## 造字故事

ZAOZIGUSHI

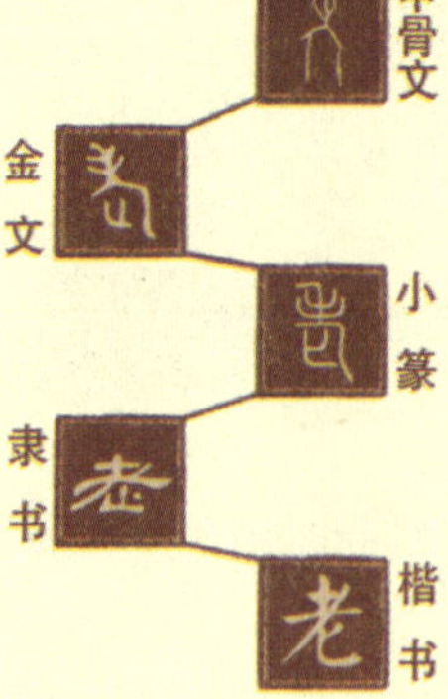


甲骨文的“老”是一个象形字，描绘了一个长发、弯腰、拄着拐杖的老人的形象。金文、小篆的形体与甲骨文相似。字形发展到隶书，“老”字的写法进一步线条化，笔画变得平直，已经很难看出长发老人拄拐的形象。此

后“老”字的形体基本固定下来。

常言道：“人生七十古来稀。”意思是说，人活到七十岁就算是自古少见的老人了。孔子有云：“七十随心所欲，不逾矩。”也就是说，七十岁的时候，他跟天已经相合了，为人处事能够自然而然，中规中矩。那么在古代人们如何来表现“老”这个汉字呢？“老”字就是一个长头发、弯腰驼背、前面还有一个拐杖的模样，很明显这就是老人的描摹。

## 文化故事 WENHUAGUSHI

古代是如何解决“养老”问题的呢？那就是家中的儿女必须要尽“孝道”。在古代，人们特别看重家中的儿子，因为古代的女子结婚的年龄普遍较早，所以人们认为儿子才是家里的依靠。东汉时期的许慎在《说文解字》里就注解道：“孝，善事父母者。从老省，从子，子承老也。”可见古人认为所谓的“孝”就是：子在下而父在上，子女必须要让父母有所依靠。这就是中国“孝”的传统。

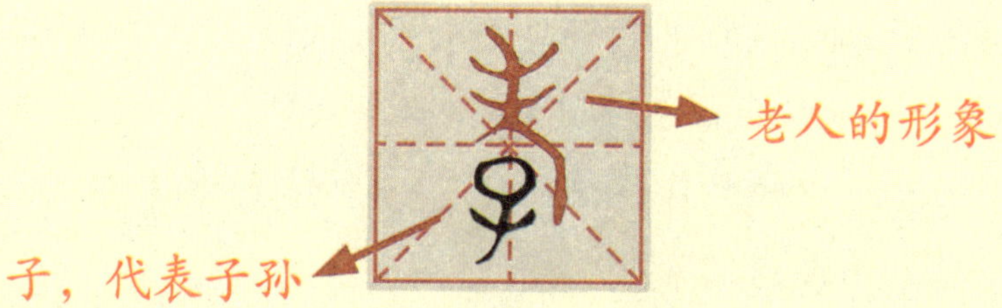


孝 金文

## 长歌行

汉乐府

青青园中葵，朝露待日晞。
阳春布德泽，万物生光辉。
常恐秋节至，焜黄华叶衰。
百川东到海，何时复西归？
少壮不努力，老大徒伤悲。

赏析：这首诗借物言理，说明光阴如流水，一去不复返，最后劝诫人们要珍惜青春年华，发奋努力。诗中的“老”指的是年纪渐长的意思。

【主讲人：万献初 武汉大学文学院 教授】

yòu

幼

# 幼

## 古时候的小孩几岁上学？

造字故事 ZAOZIGUSHI

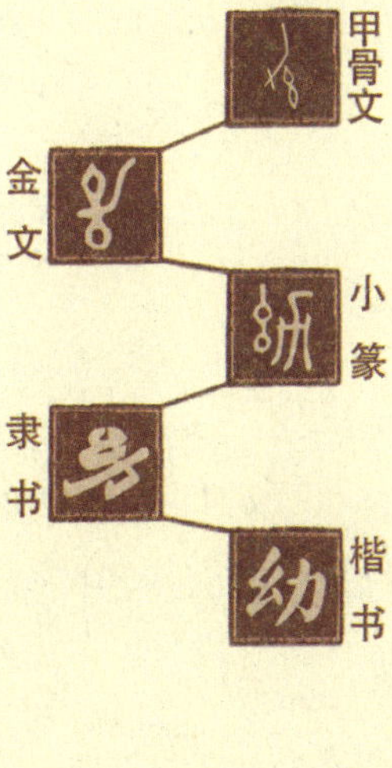


“幼”的甲骨文由“力”和“幺”组成。一般认为，“力”画的是古代一种翻土的农具“耒（lěi）”，人类使用农具是为了省力，提高生产效率，所以用农具来表示力量。“幺”表示一束细丝，由细小引申出幼小的意思，比如幺妹、幺叔都有“幼小”的含义。“力”和“幺”两个部件会意，表示孩子年幼，没有什么力量。

幼 甲骨文

这跟“男”的造字方法是一样的，“男”从田从力，表示可以从事农业劳动的男子，“幼”呢，从幺从力，表示还不能作为一个劳动力使用。

“幼”本表示年少的人，进而又用于表示动植物的幼崽、幼株、幼虫等等。

金文的“幼”，“力”和“幺”的位置更加靠近。

小篆的“幼”恢复了甲骨文的格局，但将“幺”放在了左边，“力”放在了右边。这样安排部件，比将“力”放在左边更稳定、更美观。楷书笔画平直化，就成了今天的“幼”。

## 文化故事 WENHUAGUSHI

《礼记·曲礼上》说：“人生十年曰‘幼’，学。二十曰‘弱’，冠。三十曰‘壮’，有室。四十曰‘强’，而仕……”这是说十岁的时候，年幼，正是学习的时

候，不过这里指的是外出学习。二十岁呢，发育也还未完全成熟，还比较弱，承担不起家庭的责任，但已经成年了，要行冠礼。三十岁、四十岁身体心智都很成熟了，三十岁可以有妻室儿女了，四十岁可以步入仕途。不过这里十、二十、三十、四十并不是确切的数字，只是表示大概的年龄阶段。

《礼记·内则》中又说道："十年出就外傅，居宿于外，学书计，衣不帛襦裤。"意思是男孩子十岁应离开家跟着外边的老师学习，在外边住宿，学习识字和计算，这时候穿的衣裤都不用贵重的帛做衣料，以防孩子从小养成奢靡的习惯。所以后来十岁又叫"幼学之年"。

**幼女词**

唐·施肩吾

幼女才六岁，未知巧与拙。
向夜在堂前，学人拜新月。

赏析：诗歌描写六岁的小女儿在七夕之夜学人拜月乞巧，"小大人"的形象既逗人又可爱。

【主讲人：李治平 湖北师范大学语言学研究中心 教授】

# 优

『优』的本义并不是优秀？

yōu

## 造字故事 ZAOZIGUSHI

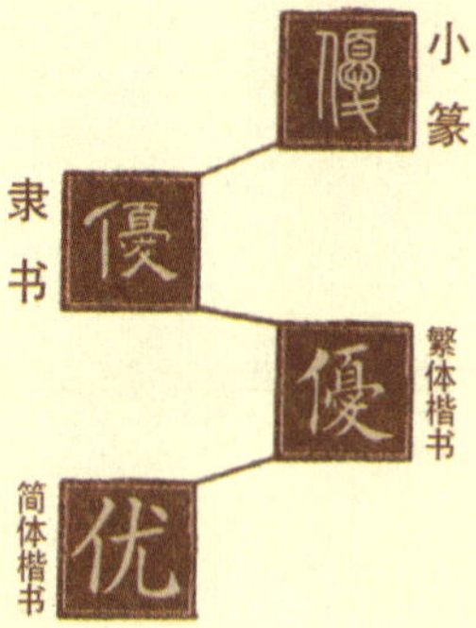


“优”的繁体字写作“優”，是个形声字，从人，憂声，憂同时也提示字义。“憂”是“忧”的繁体，金文（ ）像一个人以手掩面，表示忧愁；或者（ ）上面是首，下面是心，表示心里的忧愁体现在脸面上；还有的金文形体（ ），下

部突出了脚的特征，因为突出了脚，所以“憂”除了忧愁，还有行走缓慢的意思。

行走缓慢既可以是因为犹豫、不果断，又可以是因为游刃有余、从容不迫；所以一方面“优”可以表示优柔寡断的意思；又可以表示充足、富余的意思。

## 文化故事 WENHUAGUSHI

我们常说“学而优则仕”，它的意思并不是说学习优秀了就去当官，因为“优”最初的含义并不是优秀。这句话出自《论语》，完整的句子是“仕而优则学，学而优则仕”，正确的理解应该是，做官的时候在行使自己的职责之外，如果有余力，就学习先王留下来的传统；如果学习之后还有余力，就在做官当中实践学到的君臣之义。

那么“优”为什么后来引申出“优秀”的含义呢？

原来，那些做事宽缓不急、游刃有余的人，往往都是才能卓越的人。一般的人遇到紧急事情往往会比较慌乱，而那些出众的人往往能在紧急关头从容不迫，表现出超人的智慧，所以“优”就引申出优秀、优异的意思。

### 水调歌头·和庞佑父（节选）

宋·张孝祥

忆当年，周与谢，富春秋。
小乔初嫁，香囊未解，勋业故优游。
赤壁矶头落照，肥水桥边衰草，渺渺唤人愁。
我欲乘风去，击楫誓中流。

赏析：全词闪耀着时代的光彩，将历史人物和历史事实融入词中，自然贴切，舒卷自如，通过对历史的缅怀抒发爱国之情。

【主讲人：王洪涌 华中师范大学文学院 副教授】